台湾は台湾

台湾の本音

手塚幸男

東京図書出版

はじめに

「台湾は台湾」という言葉の由来は、１９９６年、李登輝が初めての直接選挙で総統に選ばれたとき、「一つの中国」を要求する中共に対して、台湾は憲法や国会を有する独立した国家であり、一国二制度などは適用できないとして、「中国は中国」、「台湾は台湾」だと言ってはねつけたことにはじまる。

この言葉は、台湾が独立した存在であることを望む台湾人のみならず、台湾に関心をもつ日本にも影響し、問題の本質を的確に表現した「台湾は台湾」という言葉が独り歩きを始めたような印象を受けた。いずれは一つの国として独立することを望む台湾人の本音であり、「台湾は台湾」という言葉に熱い思いを込めてタイトルとした。

台湾関係の書籍でよく引用される台湾アイデンティティとは「台湾人意識」のことであり、３００年ほど前から台湾に移り住んでいた住民の意識の中に自然に生まれたものなのである。いいかえれば、台湾で生まれ育った人達の素朴な願いは、ＴＡＩＷＡＮというパスポートを持ち、国際的にも台湾人として認められたいという単純なものである。被統治民族の悲哀といってしまえばそれまでだが、自分たちのアイデンティティを認めさせるための戦いが台湾の歴史そのものであった。日本統治時代（以降「日本時代」と記す）の善悪は別として、そこで生まれた関係が、今では日本と台湾の友好関係の礎になっており、台湾の現状は大いに気にかかることである。

わたしは台湾を何度も訪れているが、一番印象に残ることは、何といっても日本時代を生きてきた人達との触れ合いであろう。令和の世になり、日本語を話す人達が少なくなっていることは寂しいが、それに代わり、ホテルや店で初めて出会う台湾人の親日感情にも、言葉にならない嬉しさを感じる。台湾に行くことがあったら、その親日感が何処から生まれてくるのかを、是非考えてほしいと思う。

台湾は台湾 ✳ 目次

台湾の誇り

総統府のガイド

1　総統府

台湾人がどうして日本好きなのか不思議に思うことがある。何処にでもいる日本語を流暢に話す人達の親日感情、そして何処に行っても日本時代の建物を大切に保存している光景は、日本人としてなんとも嬉しい気持ちになる。総統府のガイドもそんな親日感あふれる男だった。総統府という貴重な歴史遺産もさることながら、面白いガイドの言動の方がより印象に残る見学だった。

見学したのは２０１３年12月、曇り空で少し肌寒い日だった。日本時代に建設された総統府が一般公開されるようになったのは２０００年のこと。民主化された台湾を広くアピールするための措置といえるだろう。とはいえ、歴史的建造物は現在も使用中の公館であり、警備は厳しい。

私たち６名のグループは、台湾人の姪の案内で総統府に歩いて行った。南側の通用門で日本から来た観光客ですと説明して見学を申し込む。すると胸に憲兵マークのある制服を着た若い軍人が、パスポートを要求、見せると総統府の敷地内に入ることを許可してくれた。憲兵とはいっても、今風にいえばイケメンの好青年で、女の子にもてそうな優しい雰囲気がある。

総統府の警備は、昔風にいえば、近衛軍であり、国の最も大事な建物を守る軍人なのだから、かなりのエリートに違いない。個人的なことをいえば、わたしは台湾の若い軍人が好きである。理由は、まじめで明るく、自分の国が大好きそうに見えるからだ。

そんなことを考えながら、入口近くにある独立した小さな建物の内部に並ぶように指示される。受付係の中年の女性は、パスポートの内容をノートに記入し、それが済むと、「総統府参観證」という丸いワッペンを渡して胸につけるように言った。事務的だが、目は歓迎のまなざしでにこやかだ。日本人の私が言うのも変だが、親日感情に溢れているような印象を受けた。

総統府の建築様式は東京駅に似た赤レンガと白い石を組み合わせたデザインで、英国ヴィクトリア朝時代のクイーンアン様式といわれている。実際の建物は設計とは多少違ったようで、地上60mの塔を中心に荘厳な建物が左右に延び、南国らしい華やかさと共に中央政庁としての威厳を備えていた。すべて鉄筋コンクリート造りでその重厚さは当時としては珍しいものだったという。イギリス風の建築様式で東京駅の駅舎に似た独特の色彩があり、思わず「いいね！」と叫びたくなる。

2　総統府のガイド

総統府の周りには背の高い大王椰子のような樹木が多い。その樹木の生い茂る中庭を歩いて建物の入口に近づくと、日本語の流暢な台湾人ガイドが現れて、「これから内部を見学しますが、写真撮影は禁止です」と説明してくれた。このガイドは60代くらいのおじさんであり、ボランティアだそうだが、どことなく愛嬌があり、こんな仕事を進んでやるくらいだから、社交的な性格が見てとれた。

総統府の内部に足を踏み入れると、台湾人の中・高生のグループが多いが、彼らにとっても珍しい場所であり、社会科の学習として日本でいえば国会議事堂を見学するようなものなのだろう。

内部は個室に分かれており、総統府建築当時の写真資料や日清戦争（甲午戦争）後の馬関条約（下関条約）など、歴史的に貴重な資料が展示されている。そのなかで特に目を引いたのは、昭和天皇の直筆のサインと思われる文書であった。墨で「裕仁」と骨太に書かれており、少し横に曲がっているのが、何ともいえない風情を感じた。はや足のガイドにせかされて、じっくり見ている暇がなかったが、おそらく、敗戦により、台湾を中華民国に返還する条約へのサインであろうと思われた。蛇足だが、日本は台湾を返還したのではなく、放棄しただけという意見もある。

総統府には、脱出用の地下道が三つあると、ガイドは言う。一つは、総統府の北側に通りをはさんで建っている台湾銀行の地下に通じているといい、もう一つは、南側に隣接しているホテル（貴陽大飯店のことだろうか？）に通じているという。最後の一つは、私にもわかりませんと言っていた。地図を見ながら想像すると、総統府の東側には、介寿公園と二二八記念公園が広がっており、樹木がうっそうとしているが、そこの何処かにつながっているのかも知れない。

脱出用通路がいつできたかは、聞かなかったが、おそらく、大陸での戦いに敗れた蔣介石が、台湾に移ってきた後であろうと思う。中共軍がいつ攻めてきてもおかしくない情勢であり、また、台湾人のことも信用していなかったからだろう。

日本の台湾統治を実施する最高権力の象徴であった「総督府」は、戦後は、「総統府」と名前をかえて中華民国の行政機関となり、現在に至るまで、大事に扱われている。いつも思うのだが、台湾には至るところに日本時代の建物が大事に残されているが、日本人としては嬉しい限りである。台湾人の気持ちをうまく表現することはできないのだが、そこには台湾人の日本（made in Japan）に対する愛着感が表れており、日本時代をそれほど悪く考えていないのではないかと思ってしまう。ちなみに、朝鮮にも同じような「総督府」が置かれていたが、日本の敗戦とともに、跡形もなく破壊されている。

3　馬総統の悪口

この総統府には歴代の総統の写真が飾られている。蔣介石、厳家金、蔣経国、李登輝、陳水扁、そして2013年当時総統の馬英九と続く。ガイドは、中庭から3階の執務室を指さして、「あそこの窓辺に何人か人が見えますが、今、馬総統がいるようです」と私達の注意を促しながら、馬英九について、ひとしきり感想を述べた。

ガイドによれば、馬総統は国民党のトップであり、見たところ背が高くて格好がいいし、ハーバード大学を卒業するくらいだから頭もよく、学者としての能力は高いが、政治的能力、特に経済問題については全く駄目だという。総統に当選した当時は、80％近い支持率があったが、

「今は何％くらいになっているかわかりますか？」と質問してきた。

「半分の40％くらいかな」とこたえると、

「とんでもない、10％です。台湾人の気持ちがまるで解っていない」

と呟きながら、

「はやく辞めたほうがいい」と、あっさり言ってのけた。


そこは総統府の中で、しかも現総統に敬意を表してか、馬総統の功績が写真入りで展示されている特別室だ。そんなところで、ガイドは声を低めるどころか、他の見学者にも聞こえるような声で、国のトップを平気でけなすことに驚くとともに、蔣経国が生きていたら、決してそんなことは言えないはずだ、などと考えながら、台湾もやっと民主的な国になったのだと実感した。

4　台湾人の本音

見学を終えて、裏門を出ながら、総統に対する不満をもらしていたガイドのことを思い出していた。蔣経国が亡くなり、李登輝総統の誕生で、台湾の民主化が急速に実現している頃であり、何とも台湾は変わったものだと感心しながら、ガイドがあたりを気にせずに言った不満こそが台湾人の本音だと実感した。

２０００年の総統選挙において国民党の李登輝は不出馬、代わりに民主進歩党の陳水扁が立候補して当選、初めての政権交代が行われた。このままいけば、「台湾独立」も夢ではないと考えた人も多かったと思う。総統府のガイドもそう考えたうちの一人であったろう。とはいっても、思い通りにならないのが歴史である。

民進党の政権は８年続くが、２００８年の総統選で、陳水扁は負けて政権交代、国民党のトップの馬英九が総統になった。彼は、中国寄りの政策をとったために、反発する学生や市民のデモがたびたび発生していた。台湾生まれのガイドは、台湾独立を胸に秘めているが、政権が再び国民党に代わり台湾人の本音を理解しない総統に落胆していたのだろう。

総統府の見学で一番印象に残ったのは、このガイドだった。彼のように日本語を話す日本時代の人たちは大分減ってきて寂しいが、その反面若者の日本語熱はすさまじく日本語を流暢に話す親日の若者が増えている。歴史や文化の理解だけでなく経済的な交流を含めて、日本人と関わりを持ち、そして更に一歩進んで日本のような独立国になりたいというのが、台湾人の本音なのだろう。

日本時代の台湾人

日本時代の台湾人、年代的にいえば、大正から昭和10年くらいまでに生まれた人たちだ。令和の世になりそのほとんどが姿を消してしまったことは悲しいことだが、彼らに共通しているのは、みな日本好きだったことだろう。日本時代の生まれであり、日本語で教育を受けたからといってしまえば、それまでだが、日本時代の台湾人の思いは複雑だろう。支配者として嫌悪する人もいれば、近代的な国づくりをしてくれた民族として評価してくれる人もいる。日本の統治から中華民国に代わり苦難の時もあったが、今でも日本時代の忘れ形見、建物や言葉などを使い続けていることに友好の絆を感じる。

1　阿川弘之の台湾

台湾人が日本人を好きになる理由についてエピソードを交えて紹介したいと思う。もちろんすべての台湾人が日本好きというわけではないが、それでも日本時代を懐かしむ人は多い。ここで紹介する陳さんは台湾生まれの本省人であり、太平洋戦争当時、「日本海軍の少年工」だった。日本好きの台湾人として、陳さんの言動がたいへん面白いので紹介したくなったのだが、それは作家阿川弘之が、戦後二十数年ぶりに台湾を訪れた時の感想を、座談会風にまとめたものだった。作家阿川弘之は1920年生まれ、2015年に亡くなっている。娘の阿川佐和子の方が、テレビによく出るので知名度は娘の方が上だろう。

阿川弘之の本として記憶に残るのは、『山本五十六』であるが、何年かぶりに読み返して阿川氏の戦争観や人間観に考えさせられてしまう。それはともかく、阿川弘之と台湾の関わりであるが、昭和17年、東京大学に在学時、海軍の予備学生として出征している。阿川氏は高雄市の南にある東港《トウコウ》へ行き、その近郊にある入江で海軍の基礎教育を受けた。入江には、当時海軍が世界に誇る飛行艇の基地があった。

その入江とは、大鵬湾のことである。外洋とは狭い入口で通じており、水深があり、飛行艇の基地としては理想的であったらしい。現在は「大鵬湾国家風景区」として市民の憩いの場になっており、わたしは何度か行ったことがあるが、10年ほど前から再開発が進み、湾の周りには自転車道を整備するなど、美しい公園として生まれ変わっている。ちなみに、東港は台湾南部の漁業の町で、マグロの漁獲高が台湾一で、獲れたマグロのほとんどを日本へ輸出しているという。わたしの妻の故郷でもあり、わたしは何度も訪れている。

さて、はなしは阿川弘之に戻るが、おそらく１９７０年代であろうが、阿川氏は二十数年ぶりに訪台、かつて訓練を受けた「大鵬湾」を訪れた。懐かしい港の風景を眺めながら、戦争当時「日本海軍の少年工」だった陳さんと再会した。阿川氏と陳さんの出会いは、大鵬湾での軍事訓練の時であり、この陳さんは、少年ながら頭がよく、さらにたいへんな日本海軍びいきで、軍艦や駆逐艦などすべての艦艇の名前や形を覚えており、少年工として大変可愛がられたという。戦後もそのお付き合いは続いている。久しぶりに陳さんと再会し、彼の案内で阿川氏は、懐かしい港街を歩きながら、予期せぬおかしなこと（？）があったという。

まず、二人で東港の街をあちこち訪ねて歩いた時、昔その町の小学校の校長だった老人に会ったという。阿川氏は失礼のないようにと、

「民国31年（１９４２年）の頃、私はここにおりまして」と言ったら、

「年号は昭和で言わないと分からないよ」とたしなめられて、涙が出そうになったという。

「そうなんです、そんなふうに日本語の達人がいたるところにいるんです」

と阿川氏は言う。

私はそれを読みながら、昔校長だった老人の少し腹立ちまぎれの返答に、その場の光景が目に浮かぶようだった。その老人にしてみれば、日本流にいうのは当たり前のことで、

民国暦などは考えたこともなかっただろう。さらにいえば、国民党の横暴な政治に我慢ならない気持ちがあったのかも知れない。なんとも、日本時代の台湾人を生き生きと感じさせる光景である。

そういえば、妻の父も私と話をする時、自分が住んでいる街を「とうこう（東港）」や「へいとうけん（屏東県）」と日本語で言っていたが、今から考えれば、けっして日本人の私に気を使っていたわけではなく、昔からの言い方を素直に表現しただけだったのだろう。

2　日本時代の海軍少年工

陳さんとの街歩きは続き、「東港駅」にも行ったというが、１９７０年当時は、まだ林辺から東港まで鉄道が敷設されており、その間に「大鵬駅」もあったという。現在は、この支線は廃止されており、東港駅も大鵬駅もない。阿川弘之が訪ねた当時は、まだ東港まで鉄道があった。

二人で駅舎を訪問して駅員たちと昔のことなどを話した。駅員たちは、阿川氏が「東港航空隊」にいたことを知ると日本語で「東港航空隊、懐かしいね」と言って、電車に乗せてくれたという。

お断りしておくが、阿川氏の街歩きで出逢った人たちとの会話はすべて日本語であることを忘れないでほしい。途中の「大鵬駅」は、日本海軍が大鵬湾の基地のために造ったものであり、阿川氏は、そんな駅はもうないだろうと思い日本語で、

「タイホウエキ（大鵬駅）まだあるんですか？」と聞いたところ、

「タイホウじゃないよ、おおとりだよ」と言われたという。

阿川氏、またまた驚きと感動の連続である。この頃は日本語を普通に話す台湾人が何処にでもいたのである。阿川氏は、戦後になっても日本式の訓読みが、残されていることに驚きつつ感動したという。

台湾には至るところに、日本の名残があるが、統治政策に反発しながらも、どこかしら日本的なものを受け入れていたのだろう。その国の言葉を大切にすることは、その国の文化を尊重することに繋がるし、日本が残した建物などが各地に保全されているのをみれば、その良さを一番理解しているのは台湾人なのだと思う。

さらに、かつて日本海軍の少年工だった陳さんは、はなしの最中に、しきりに「負けたとき、負けたとき」というので、阿川氏は言った。

「あなた達にとっては、勝った時なんじゃないの？」

「いいえ、わたしは日本人、支那人大嫌い」

陳さんはそう言って笑ったという。

阿川氏は、台湾にはこういう人が多いのだと感じたというが、そう感じた人は阿川氏だけではない。特に、台湾生まれの知識人にいたっては、日本に好意をもつ人が何処にでもいた。日本好きで有名な李登輝は、22歳まで日本人だったと公言して、外省人の反発を招いたが、日本の伝統を大事にするという素直な気持ちを言っただけと開き直った。

台湾生まれの台湾人が、日本時代を懐かしむのは、二二八事件に端を発した国民党による「白色テロ」の恐怖を体験しているからでもある。そこには、日本時代を肯定するわけではないが、中華民国の国民党の時代よりはましだ、という本音がある。「李登輝友の会」の会長をしていた阿川弘之氏は、空の上から今の台湾を見てどう思っているのか聞いてみたいところだ。

次に紹介する二人はいずれも私の身近にいた人たちである。

3　李培燦

李培燦《リバイサン》は1923（大正12）年に台北で生まれ、2016年に93歳で亡くなった生粋の台湾人で、私からすれば、遠い縁戚にあたる。日本統治時代の生まれであり、小学校、中学校と日本語で教育を受け、和歌や短歌をつくることができるほど日本語が堪能である。

高齢になった頃の楽しみは、昔覚えた日本語を話すことだった。息子家族や孫に囲まれて生活していたが、彼らは日本語を話さない。だから、たまに日本人に会うと、昔のことを思いつくままに、まるで日頃のうっ憤を晴らすかのように、際限もなく日本語を話していた。

10年ほど前の春の日にその李さんと円卓を囲み家族そろって夕食を共にすることがあった。その時李さんは、日本人の私にぜひ見せたいといって、文集をもってきた。それは、李さんが卒業した「台北第二中学校」の文集であり、そこに通う生徒が書いた学校の思い出を冊子にしたものだった。この文集が発行されたのは昭和15（1940）年11月であり、太平洋戦争が始まる1年前だ。当時、李さんは17歳だから、約70年間大事に保管していたことになる。

李さんは、その冊子をめくって、自分が書いた文章を私に見せてくれた。その文を書いたことで、担任の先生に大いに褒められ、国語については試験の成績に関係なく、最高点をくれたと自慢していた。李さんは、親切にも、その部分をコピーしたものを持参していたので、その原稿用紙2枚くらいの文を読んでみた。テーマは「皇国民の一員として」であり、「三年乙、李培燦」と印刷してあった。1940年といえば、日本は中国大陸を侵略して満州帝国をつくりあげ、それに反対する蔣介石を追いかけまわして、日中戦争は泥沼の様相を呈してきた頃だ。太平洋戦争は、その翌年にはじまった。

文は「皇紀2600年」という書き出しだ。はじめの部分を引用してみよう。

「皇紀二千六百年、本年は実に一億同胞の慶賀にたえない年である。けれども国運の発展は国民のたえざる協力一致なしには期待することは出来ぬ。……」という内容からはじまっているが、台湾人でありながら、よくもここまで立派な日本文を書けたものだと感心してしまう。日本時代の台湾における国語教育はレベルが高く徹底したものだった。李さんが、褒められたのは、日本語の文章の上手さは当然として、その日本人優りの主張である。皇民化運動が広まり、やがて姓名まで日本風にしようという流れを、それは台湾人の義務であるといって同調した。当時の教師とすれば生徒がそこまで日本の政策を受け入れてくれたのだから、よほど嬉しかったに違いないが、今日の私からすれば、被統治民がそこまでするかと驚くが、李さんの熱意は「何処から生まれてきたのか?」が気になった。

4　李培燦の青春

李さんの主張はさらにエスカレートする。当時日本は軍国主義のまっただ中におり、台湾領有のほかに朝鮮を併合しており、中国大陸での戦争が拡大し、兵隊はいくらでも欲しかった。この状況下で、朝鮮には、いち早く志願兵制度ができた。このことに対して、李さんは、台湾には志願兵制度ができていないことに不満をもち、弟（朝鮮）に先を越されたと抗議めいた文を書いたという。担任の先生は日本人だったが、教え子の国を思う気持ちに感激したという。私はその文章を読みながら、そこまで日本人におもねるかとも考えたが、李さんは、日本におもねったのではなく、本当に日本人になりきっていたのだった。

１９４３年に日本に留学、通ったのは九段下にあった東京電気技術学校だったと話す李さんの記憶力は、90歳とは思えないほどしっかりしていた。東京電気技術学校は現在の東京理科大学の前身だが、まもなく太平洋戦争がはじまり、一時台湾に帰国するが、戦争が激しくなって再び日本には戻れなかったという。

李さんの苦しい体験は、この後起きた。１９４５年日本の敗戦とともに、国民党が台湾にきて、蔣介石の独裁がはじまる。１９４７年、台湾人女性の闇たばこ売りを取り締まる事件を発端にして「二二八事件」が起き、以後30年間続く戒厳令下で台湾人は自由を奪われてしまう。中国共産党の影におびえた蒋介石は、共産党員の根絶を目指す。捜索の過程で、誤って100人の無実の者を殺そうとも、一人の共産党員を逃がしてはならないという指令が出されていた。1953年、李さんは反乱罪容疑で15年の懲役刑を宣告され、投獄されてしまう。逮捕されたきっかけは、李さんの友人があるグループに属しており、そのグループの一人が共産党の疑いで逮捕された。そのグループに属している人は次々に逮捕される。やがて李さんのところにも国民党員が来て、そのグループに参加したことがあるのかという質問に、つい軽い気持ちで「あります」と言ったという。共産党員の疑いありということで逮捕され、15年の懲役刑を受けて「緑島」という孤島に送られたという。考えようによっては、殺されなかっただけ、幸運だったと李さんは言っていた。横暴で無慈悲な国民党を恨む反面、よけいに日本贔屓になったともいえる。

李さんの日本好きは、戦後になっても徹底していた。日本の伝統的な文化だけでなく、相撲などの取組があれば、毎日テレビで観ていたという。李さんの青春時代は、日本の教育の中でつくられたものだし、それをすばらしい伝統として評価していたのだ。できるならば、一生日本人として生きたかったに違いない。日本が大好きな李さんが詠んだ短歌を載せておこう。これも李さんが大事にしている思い出なのだ。

「垣根越し　ふと見上ぐれば大空を　爆音高く　すぐる荒鷲」

戦争時代が青春だった李少年の思いは、国を思う日本人の少年と変わることがない。頭上を見上げ、飛び去る日本軍機を見るたびに、自分も国のために戦いたかったに違いない。

李さんは今でも自分が卒業した「台北第二中学校」の校歌を覚えている。卒業は、昭和15年のようだが、話しているうちに、その当時に戻ったかのように、李さんは校歌を口ずさんでいた。李さんがコピーしてくれた第二中学校の第一校歌は7番まである。ずいぶん長い校歌だとも思う。李さんのためにその一番を書いておこう。

「鵬程万里涯もなき　地は南涯の一孤島　あまねく君の御光に　開け行くなり文の道」

皇国思想一色で、これでも校歌かと思うが、軍国主義時代を考えればしかたがないだろう。しかし、それでも李さんは、その校歌を誇りにして、その思いを熱く語る姿をどのように表現すればいいのだろう。日本時代の台湾人には李さんのような日本好きが多いことを忘れてはいけないと思う。

わたしの個人的な感想だが、戦後国民党の反日的な教育により、台湾の若者は、日本を悪者あつかいして嫌う人も多かった。しかし、日本との交流が進むうちに日本人の良さを理解するようになり、今では日本大好きな若者が増えている気がする。

5　陳啓民

陳啓民《チンケイミン》は日本大好きな台湾人の一人で、私は囲碁を通して陳さんに出会った。私が属している囲碁会は年に一度、宿泊で囲碁会を行うのが通例だ。その年は、偶には台湾で碁でも打ったらどうかと提案すると「いいね！」ということですぐまとまった。ネット情報で調べてみると台北に碁会所がある。私はメールで、そちらで碁を打ちたいので所在地などを教えて下さいと日本語で書いた。するとその翌日電話があり、日本語で碁会所の情報を教えてくれた。電話をかけてくれたのが陳啓民さんだった。この頃は日本を普通に話す台湾人が多かったので特別驚きはしなかったが、嬉しいことであった。

私達の囲碁会の6名は、台北市内で前泊し、翌日の昼食後、タクシーで碁会所を訪問した。碁会所は復興南路に面した5階建てのビルの3階、正式名称は、棋聖模範棋院という。碁盤は20面ほどあり、すでに対局していた。受付の人に日本から来たグループですと告げると陳さんが出てきて対局の段取りをしてくれた。驚いたことに、その日は千葉県から来たという別の日本人グループも対局しており、部屋には日本語が飛び交っていた。同じ日本人ということで話すうちに、対局後は皆で夕食をどうですかと誘われたので了解と返答。会場は歩いて行ける福華大飯店のレストラン、千葉からのグループと私たち、それに陳啓民さんと席亭が加わって楽しい時を過ごした。

さて陳さんのことだが、1935年生まれの陳さんはもちろん囲碁が趣味で、棋聖模範棋院の御会所でよく対局していた。当時は78歳とのことだったが、その堂々たる体格は年齢からすれば並はずれている。身長は180㎝くらい、体重は90kgくらいありそうで、大柄な李登輝と並んでも遜色はないだろう。

昭和10年の生まれとすれば、10歳までは日本語の教育を受けていたわけだから、会話が流暢なのはわかるが、陳さんは、源氏物語や平家物語などの古典をはじめとして、海音寺潮五郎や司馬遼太郎の歴史小説まで読みこなしたというから、たいへんな語学力なのだ。しかし、陳さんが受けた日本語教育は、1945年日本の敗戦、つまり陳さんが10歳の時点で終わっている。源氏物語を読むような高い日本語能力はどのようにして身につけたのだろうか。是非とも聞いてみたいところだ。

1945年、台湾は中華民国に返還され、陳さんを含む多くの子供たちは、中国語を学ばなければならなくなった。外来政権が日本から中華民国に代わり、話す言葉も日本語から中国語に変わる。陳さんは大変な努力をしながら台湾大学を卒業しているが、中国語で学位をとりながら、日本語の研鑽も忘れなかったのだろう。李登輝が日本好きなのは有名だが、陳啓民さんなどを見ていると、李登輝の日本好きは決して珍しいことではなく、大正から昭和にかけて生まれた日本時代の台湾人に共通した特徴ではないだろうか。思い立って2024年3月、棋聖模範棋院を訪ねた。建物や対局風景は依然と変わらなかったが、陳啓民さんは3年ほど前に亡くなっていた。

台湾独立

1　台湾アイデンティティ

台湾アイデンティティとは、台湾人意識のことである。

歴史的に見れば、この闘い、つまり台湾人としての存在を認めさせる闘争は日本時代に生まれ、中華民国時代へと続き、1988年民主進歩党という新政党が生まれることにより一段落する。この先は「台湾独立」ということになるのだろうが、現状は中国共産党が「一つの中国」などを主張し、待ったをかける状況が生まれており、台湾人の素朴な願いが実現するのはもう少し先になりそうだ。

念のためであるが、台湾独立運動とは、過去には大日本帝国からの独立を意味したが、現代では、中華民国を否定して、台湾に台湾人を主権とする独立国家（台湾共和国）の建設を目的にした政治活動のことである。台湾内部の問題であり、大陸の中華人民共和国からの独立という運動ではない。

とはいえ、台湾に新しい政党が生まれるまでには幾多の試練があったが、台湾の民主化を目指して奮闘した次の三人の足跡について触れてみたい。王育徳、彭明敏、李登輝、ほぼ同時期に生まれた知識人だが、それぞれ個性的な行動で国民党政権に立ち向かった。

2 王育徳

王育徳が書いた『台湾　苦悶するその歴史』という単行本は、当時の台湾を理解するうえで大変参考になるだろう。著者は日本時代の１９２４年台南生まれ、李登輝よりは1歳年下である。１９４３年東京大学文学部支那哲学科に入学、戦後台湾に戻った時、演劇活動を通して国民党政府を批判する。二二八事件で兄の王育霖が殺された時、自らも身の危険を感じ香港に脱出、そこから邱永漢の手助けで日本へ亡命する。

王育徳の台湾独立活動は日本で始まる。１９６０年台湾独立青年連盟を結成、雑誌『台湾青年』を発行して、国民党に対して不満をぶちまける。さらに１９６４年明治大学講師であった時、『台湾　苦悶するその歴史』を発行し、歴史的見地・国際法的見地・社会学的見地から台湾独立の正統性を主張した。おおよその内容はつぎのようだ。

歴史的にみれば、17世紀、鄭成功の反抗が終焉した後、台湾は「福建省台湾」になり清国の版図に入った。しかし、清国は台湾を「化外の地」として関心を持たず放置。その間、福建省や広東省からの貧農が大挙して台湾に移住して土地を開墾する。清国が台湾に関心を持ったのはそれから200年後、1884年改革派の李鴻章が劉銘伝を派遣して区画整理や人口調査を行った頃だ。清国が台湾に対して治世らしきことを行ったのはこれだけ。まもなく日清戦争が起き、敗れた清国は文化の及ばない小さな島に未練はなく、台湾を日本に割譲する。日本統治が始まった時、短い期間ではあったが「台湾民主国」を掲げて独立を宣言したことがあったが、あえなく消滅。この頃から台湾人は一つの国として独立したいという切なる願いを持っていた。

日本時代に台湾は独自の発展を遂げるが、基本的に台湾の発展は大陸沿岸から移住した漢族によりなされたもので、換言すれば、ほぼ300年にわたり大陸とは異なる道を歩んできたと言ってもよい。さらに社会学的には、台湾で話される言葉は福建地方の言葉である「閩南語」であり北京語ではない。このような現状を考えれば、台湾が一つの民族であることは自明の理であり、独立するのは当然の帰結であると主張した。

さらに付け加えれば、台湾は清国以後、日本の植民地を経て中華民国に統治されて現在に至るが、中国共産党による統治を受けたことはない。したがって、台湾は中国の一部というのはあたらない。アメリカが英国から独立したように、台湾が独立することは国際法的にみても何の問題もないということになる。

3　台湾　苦悶するその歴史

王育徳は「まえがき」で、本の出版に際して死を賭したと書いている。自国の歴史について、学術的な本を出版するのに決死の覚悟をするなどという状況は、現代の日本人の感覚からは想像できない。しかし、国民党が支配していた台湾では、言論の自由はおろか歴史の研究すら認められてはおらず、台湾人が自分たちの正しい歴史を知ろうとすること自体が弾圧の対象になった。たとえ出版するのが遠く離れた日本であっても、国民党の手先はどこにでも入り込んでおり、不満分子を消すのは朝飯前という状況だったので、心休まることがなかったようだ。

台湾独立の気運はさらに高まる。1970年アメリカで、アジア・ヨーロッパ・アメリカなどに暮らす台湾人により、台湾独立建国連盟が結成された。王郁徳もそのメンバーだった。ついでのことだが、当時アメリカに留学していた鄭自才はこの組織に加入、祖国を思う熱い心は台湾における独裁政治の元凶である蔣経国の暗殺を思いつく。1970年、鄭自才とその妻はその年にアメリカを訪問した蔣経国に向けて銃弾を発射した。殺害計画は失敗するが、事件そのものは蔣経国の心理に何らかの影響を与えたものと思われた。台湾を離れた知識人や留学生などによる台湾独立運動が大いに盛り上がった時期であった。

王育徳は怒りを込めて書いた。

「中国から出た台湾人がなぜ中国人（国民党員）と対決せざろう得ないのか。その由来を追及しなければならない。」

その追及は彭明敏に受け継がれた。

4　彭明敏

その対決の「由来」を追及したのが彭明敏だった。彭明敏は1923年台湾生まれ、高雄県鳳山の客家出身。李登輝と同い歳だ。李登輝と同じように日本に留学し、東大で学ぶ。学生の時に徴兵されて、長崎に向かう船で爆撃を受けて左腕を失う。戦後台湾大学に入学、さらにパリ大学で法学博士の学位を取得している。彭明敏に災いが降りかかったのは、台湾大学法学院の政治学主任教授のときだった。彭は台湾人のための国をつくることを目指して、人々に独立を呼びかける宣伝パンフレットを作製した。しかしその情報は事前に国民党にキャッチされていた。

1964年10月23日、警備総司令部は「反乱罪」の容疑で彭明敏を逮捕。容疑の内容は、「台湾自救連盟」の名で宣伝パンフレットを作成したためであった。王育徳の『台湾　苦悶するその歴史』からの引用になるが、その「パンフレット」の内容が凄い。

パンフレットには、おおよそつぎのように書かれていた。

1　一つの中国、一つの台湾は厳然たる事実と主張。中華民国の唱える「正統中国」を真っ向から否定。大陸反攻は絶対に不可能であると断定した。中共の強大さは、百年来外国の侮りに甘んじてきた民族主義者たちの愛国的な行動によるもので、「腐敗無能の蔣介石」のまねのできることではない。

2　誰のために、そして何のために戦うのか。台湾人兵士の頭の中には、二二八事件で台湾人指導者を虐殺した恨みがあり、沈黙を守っているが、徹頭徹尾、蔣介石の「無言の敵」である。

3　宣言は最後に三つの目標と八つの原則を掲げている。1200万人の島民が省籍の如何を問わず、誠意をもって合作し、新しい民主国家をつくり、自由世界の一分子として世界平和に貢献すべきだと説いている。

5 自救の道

彭明敏はさらに強調する。大陸の中国には二つの価値基準があった。一つは国民党の極右的なもの、一つは共産党の極左的なもの。我々はこの二つの価値基準から離脱すべきであり、この二つの政権に対する依存心をぬぐい去らなければならない。この流れで行けば、台湾は国民党でも共産党でもない、独自の第三の道として、「自救の道」を選ばなければならないと結論付ける。時の権力者に対して、歯に衣着せぬ言いかたで、事の本質を喝破した。あまりにはっきりものを言われたので、蔣介石も度肝をぬかれ、どう処置しようか戸惑ったと思われる。

それにしても彭明敏の勇気はすごい。単純明快にしかも思い切りよく蔣介石を「腐敗無能」と切って捨てた。「さあどうだ、あほんだら！　殺れるものなら殺ってみろ」というところでしょうか。考えようによっては、蔣政権を倒すための捨て石になる覚悟だったようだ。彼は逮捕されて禁錮8年の実刑が下される。その後国民党は、国際世論に負けて彼を釈放し、自宅軟禁とする。1970年国際的な人権団体の協力で秘かに台湾を脱出してスウェーデンに亡命する。ついでのことだが、李登輝が総統になった時、大陸の「一つの中国」論に反発して、「中国は中国、台湾は台湾」と主張したが、その論理の萌芽はこの頃に始まっている。

こんなことがあっても、蔣介石の跡を継いだ蔣経国はひたすら我が道をすすみ、戒厳令を維持して台湾独立を叫ぶ市民を弾圧し続ける。台湾独立派も負けてはおらず、１９７０年４月、蔣経国がアメリカを訪問した時全米各地から台湾独立連盟の仲間はデモをして蔣経国に怒りをぶつける。さらに鄭自才は、未遂に終わるが、テロを実行したことはすでに書いた。

さらに、王育徳がいう「中国人同士が対決しなければならないその由来」をより鋭く赤裸々に追及したのがアメリカ在住の台湾人ジャーナリスト江南だった。１９８４年、江南は『蔣経国伝』を出版し蔣家の裏面史を事細かく暴いてみせた。江南はジャーナリストとして、真実を公にしただけであったが、ほどなくしてサンフランシスコの自宅で国民党の幹部に指示された台湾の暴力団『竹聯幇』により射殺された。王育徳の恐れていたことが現実になったのだ。支配者のプライバシーに触れたため、その怒りをかったであろうことは議論の余地がない。

蔣家が支配する台湾では、繰り返しになるが、台湾人による民族・国家・歴史などの研究や発表は、国家反逆罪のように扱われていた。この事件の後、独立派の王育徳は怒ったように書いている。

「台湾は台湾人のもので台湾人が真の台湾の主人公である。しかし、それが支配者の気に食わない。支配者は自分に都合のいいように歴史を歪曲し、権力と財力にものをいわせて歪曲した歴史を全世界に向けて宣伝している。」

しかし、ようやく蔣経国に変化が表れ始めたのは、彭明敏の事件の後、20年余りを経てからだった。江南暗殺に係わるアメリカ政府の影響もあり蔣経国は人が変わったように民主化に進む。1985年12月の国民党の年次総会において、次期総統が蔣一族から出ることはないと言明。1988年蔣経国が死去して蔣家の独裁は終焉する。

それにしても国民党のトップであった蔣経国がなぜ変わったのかは不明なことが多い。しかし、民主化という台湾の変化は、蔣経国を抜きにしては考えられないことも事実である。この地で新しい台湾をつくるには、新しい血が必要であることを一番痛感していたのは蔣経国であったろうし、そのためには政治は台湾人に任せるしかないと考えたのかもしれない。とはいえ、彼の英断がなければ、今でも蔣家の独裁政治が続いていたはずである。

1986年、民主進歩党が成立する。これは、彭明敏が所属した「台湾自救連盟」の流れをくむが、蔣経国は新党結成をあっさりと認めている。死を予感した蔣経国の頭の中には、蔣家の支配をやめて台湾が民主的な国家になる見取図ができていたようだ。1987

年戒厳令解除、1951年から続いていた戒厳令が解除される。1988年蒋経国死去に伴い、台湾出身の李登輝が総統に選出されて、民主化の道を歩き始める。

6 李登輝

李登輝、この人から新しい台湾が始まったといっても過言ではないだろう。1923（大正12）年1月15日台湾生まれ、亡くなったのは2020年7月30日、97歳だった。本籍は福建省永定県、祖先は閩西客家人に属し一族は台湾語（閩南語）しか話せない。但し、李登輝は日本時代に教育を受けているので、閩南語と日本語を流暢に話す。家庭でも文恵夫人と話す時は日本語だったという。

著書『台湾の主張』で述べているように、1945年22歳まで日本人として教育を受けた李登輝は、源氏物語や平家物語などの日本の古典をはじめとして、西田幾多郎の『禅の研究』や和辻哲郎の『風土』など多くの書物を読んでおり、日本人以上に日本的な心を理解している。

学歴は、台北高校から京都大学（農業経済学を専攻）に留学しているので、太平洋戦争中は日本で過ごしている。京都大学時代には日本文学や西洋文学、さらに中国の思想にいたるまで広範な読書遍歴があり、マルクス主義に興味を持ったのもその時期で、マルクスやエンゲルスの本を読み漁ったという。

戦後、台湾に戻り、台湾大学に入学しているが、この時期に共産党の地下組織である読書サークルに加わったのは、京都大学時代のマルクスなどの読書の影響であろう。しかし、マルクス主義を学んだことで、李登輝の農業経済学の理論は、より一層高度で現実的なものになったようだ。ソ連の共産党の下で学んだことがある蔣経国は、李登輝のすべての経歴、農業経済学だけでなく台湾大学でのマルクス主義研究会に属していたことなどを知っていたようで、それがかえって李登輝に親近感を抱かせたとも言えなくはない。

１９６５年にアメリカのアイオワ州立大学やコーネル大学に留学して農業経済学博士号を取得しているが、キリスト教に興味をもったのはこの頃だろうか。合理的な思考をする李登輝が信仰に目を向けたのは、民主先進国アメリカの留学体験が大きかったのではないだろうか。しかし一番の影響はクリスチャンの妻だろう。帰国後、おそらく１９７０年頃と思われるが、妻の曽文恵を伴って週に４〜５回台北の教会に行き、聖職者の話を聞きながら、神の存在を考えたという。

李登輝の信仰への接近は、その後の政治活動にも繋がっているように思える。台湾を変えるには国民党を変えなければならない。国民党を変えるには外からでは無理で内側から変えなければならない。国民党へ入党するとすれば、できるならば、国民党のトップと仲良くなる方がいい。経歴だけでなく、宗教も同じであるほうが、更にいいと考えたのではないだろうか。李登輝は若い頃マルクス主義に傾倒したことは先述したが、当時のトップ蔣経国も青年時代にソ連共産党の下で生活しており、マルクス主義の善悪をよく知っていたし、その宗教もロシア人の妻と同じくキリスト教であったからだ。

7　国民党へ

李登輝の政治家としての出発点は、1971年に国民党に入党したことに始まるだろう。1972年に行政院政務委員（農業政策担当）になったのを皮切りに、1978年には台北市長に任命されたが、それは蔣経国が李登輝を育てるための人事だったと言われている。1981年に台湾省主席、1988年蔣経国が死去すると、国民党の総統になった。台湾生まれの政治家が総統になったことで、以後台湾の民主化はさらに前進する。

李登輝の政治理念は、多元化された民主政治体制をもつアメリカや日本を理想の民主社会とみなしている。また、理想の民主社会を実現するには、健全なる野党が必要と判断しており、1986年9月に民主進歩党が結成されるのを歓迎していた。

しかし、李登輝の深謀遠慮からすれば、台湾の民主化はその手始めでしかない。彼の究極の目標は、「台湾独立」にあり、台湾人の、台湾人による、台湾人のための国をつくることであった。総統になった後、その目標は随所にあらわれてくる。たとえば、最近話題になっている「尖閣諸島」問題については、中国人留学生の前で「尖閣は日本領」と言いきって、会場が騒然となったこともあった。中共のいうように「尖閣諸島」が中国のものなら、「台湾」も中共のものになってしまう。そうなれば自分の理想とは正反対の結果になってしまうので、あえて、「尖閣は日本領」ということにより、台湾の独自性を保とうとした、極めて政治的な判断であった。

しかし、李登輝は国民党に属していたが、そのあまりに台湾島重視の故に、総統退任後に党籍をはく奪されてしまう。しかし、彼の理想は消えることなく、「台湾団結連盟」を結成して、中華民国ではなく、「台湾」という国号を求める「正名運動」を推進している。正名運動とは、公式の場では国名を「台湾　ＴＡＩＷＡＮ」を使おうという運動である。その運動は静かにそして着実に続いており、２０２３年、現在のパスポートの表面には以前より大きく英文字で「ＴＡＩＷＡＮ」と表記され、それまで書かれていた「中華民国」の文字は丸いエンブレムの中に小さく書かれ、一見しただけでは読み取れないように変化している。

はなしを戻して、李登輝は今後の政策について次のように述べている。
「蔣政権の長かった台湾は、国の立場が曖昧であったが、理想の国づくりには明確な目標が必要であり、台湾正名運動はその第一歩である」

1　我々の国は「台湾」であり、中国ではない。
2　大陸の中華文明ではなく、台湾を主体にした教科書が必要である。
3　台湾の新憲法の制定。
4　国名を「台湾」または「台湾共和国」にする。

この運動の余波として、蔣介石の号に因んだ「中正国際機場」が、2006年9月「桃園国際機場」に改名された。民進党が政権をとった時に、台湾独立という理想が実現するかもしれないと考えたが、トップの不祥事で政権が再び国民党に移り、李登輝の理想は少し遠のいているのが現状だ。

現在の国民党は、名よりも実をとる方針であり、国名などは後回し。「台湾」は事実上独立しているのだから、過激なことは言わずに、大陸の中共とは経済交流などを通して適当に付き合っていくのが得策であると考えている。民進党の綱領も独立については国民投票で決めるというように変更している。大陸出身の国民党員は自分たちのアイデンティティは中国人（中華民国の）なのであり、台湾や台湾人ということに少なからず違和感を覚えるようであるが、彼等も永遠に生きているわけではない。やがて彼らが消えてほとんどの人達が台湾生まれになった時、新しい台湾が始まるだろう。

李登輝以後、総統は民進党の陳水扁、次は国民党の馬英九、そして再び民進党の蔡英文、そして2024年1月、再び民進党の頼清徳が総統選に勝利している。「一つの中国」を目指す中共の武力侵攻が気になる現状、「台湾は台湾」として生まれ変わるのはいつになるか気になるところである。

蔣経国を撃った男

1　優しいテロリスト

戦後の台湾、長く続く戒厳令のなかで台湾人を苦しめる元凶として、蔣経国の暗殺を実行した台湾人がいた。テロを思い立ったのは鄭自才、実行したのは彼を含めた四人のグループだった。メンバーは、鄭の妻の黄晴美、晴美の実兄である黄文雄、それに全米台湾独立連盟の責任者頼文雄だった。事件当時、鄭自才は33歳、妻とその兄黄文雄もほぼ同じ年代であり、ピッツバーグ大学の留学生であった。蔣経国の暗殺未遂は、あまり知られていない事件だが、実際何がどのようにして起きたのか、調べてみると、台湾人の独立にかける熱い思いが伝わってくる。

補足ではあるが、このグループに加わった「黄文雄」は台湾在住の政治家だが、日本在住で評論活動をしている同姓同名の「黄文雄」と間違われることが多い。ほぼ同時期（1937年と1938年）に生まれており、主張も台湾独立に関しているため、混同されることが多いが、別人である。

はなしはまず暗殺グループの発起人というべき「鄭自才」から始めなければならない。この計画を思い立った鄭自才の前半生は、多くの台湾人の心そのもののように思えるからだ。2007年4月に台湾独立派の許維徳博士と数名の人達が、蔣経国暗殺未遂事件について、鄭自才にインタビューしているが、この文章はその内容に基づいている。会話は、台湾語（福建語、閩南語）でなされたものを、許維徳博士が北京語の文章に翻訳している。

2 鄭自才

鄭自才は1936年、台南生まれ、7人兄弟の次男である。1945年日本時代が終わった時は9歳だから小学校3年までは日本語の教育を受けていた。終戦後は日本に代わって大陸からやって来た国民党による北京語での教育を受けている。言葉は違うし思想も異なり、10歳程度の少年にとっては何が正しいのかも分からない。被統治民族の悲しさである。中学校に入学して間もなく台湾を混乱に陥れた二二八事件が起きる。この事件の背景には、台湾人に対する差別的な行政とレベルの低い役人の汚職があり、それに怒りを爆発させたことが原因だった。後に鄭自才が蔣経国の暗殺を思いつく動機はこの頃に芽生えていたと思われる。

建築に興味があった鄭は、高等学校に相当する建築関係の専門学校を経て、1955年、名門の国立成功大学の建築科に入学する。卒業に際して、成績優秀だったため、教授の道を目指してはどうかとの誘いを受ける。但し、条件として国民党に加入することが必要であったため、国民党に強い嫌悪感を持っていた鄭は、入党を拒否している。当時は、教員などの公務員になるには、国民党員になることが絶対条件であった。国民党への入党を拒否したため、突然不採用の通知を受けた鄭は、「国民党独裁」に大きな疑念と不満をいだいた。

では、なぜ国民党に入党しないことが正義かといえば、二二八事件後の台湾は、国民党による白色テロが横行し、多くの知識人が理由もなく殺されていた時代であり、鄭にとってそのような国民党に入党することは、台湾人に対する裏切り行為に思えたからだった。

1959年に成功大学卒業、兵役のため、海軍陸戦隊に入隊する。その頃を鄭自才は苦い思い出として語る。

「兵隊のときは、国民党員(外省人)にいじめられた。高等教育を受けた人間が、無教育の国民党員に、教育や訓練の名目でひどい扱いをされた」

いじめとは、たとえば、炎天下の熱いコンクリートの上で、腕立て伏せを何回もやらされるというようなことだったらしい。この不平等感は、単なる不満にとどまらず、鄭の心の中で、政治的な信念にまでなっていく。

鄭は新設の「中原理工学院」の助教授に就任し、同時に不満だらけの台湾を離れて、自由の国アメリカに行きたいと思うようになった。アメリカ留学を考えた頃の心境をこう語っている。

「60年代は苦悶の時代であった。ほとんどの大学生が台湾から出国したいと考えていた。兵役についている時、多くの学生は留学の申請をしており、申請書の書き方を話し合っていた。何でもいいから台湾を離れて、国民党の環境から脱出したいと考えていた」

3 アメリカ留学

鄭にとって、米国ピッツバーグのカーネギーメロン大学に奨学金を得て留学の許可を得たことは嬉しい出来事だった。台湾から抜け出せる、それだけで心が躍った。母親は貴金属を質屋に入れるなどして旅費を捻出、1962年8月、鄭はチャーター便でアメリカに渡った。

アメリカで生活をはじめた鄭は、間もなく日本で発行された雑誌『台湾青年』を読み、台湾独立についての主張に共鳴する。この本は日本在住の台湾独立派である王郁徳により創刊された。それによれば、たとえば、多くの台湾人が習慣的に北京語を話すことにも疑問を感じるようになった。何故、台湾語を話さない、北京語は外来政権（国民党）の言葉ではないか。鄭自才は、インタビューには台湾語で答えているが、台湾人が北京語を話すことと台湾語を話すこととは、意味が違うと感じたとこたえている。中国人とは違うという意味で、台湾人の民族意識が明確に表れていた。台湾アイデンティティとはこのことをいう。

この頃はアメリカでも人権運動が盛んであった。白人と黒人の貧富の差や白人による黒人に対する差別や虐待など、民主主義の社会であるアメリカにも多くの問題があった。そのような社会の中で、黒人の人権を守るため活躍していたマーティン・ルーサー・キング牧師の組織的な示威活動を見て、鄭自才も、台湾のために何かをしなければならないと考えるようになった。

1963年、留学して2年目に「台湾独立連盟」に加入した。その翌年、同じようにカーネギーメロン大学に留学していた黄晴美と結婚する。同年、晴美の兄、黄文雄も奨学金を得て、ピッツバーグ大学に留学している。事件にかかわった黄文雄は1937年生まれだから、鄭自才より1歳年下、鄭自才と黄文雄とは義兄弟になった。1965年、妻の黄晴美は長女を出産、2年後には長男も生まれている。

1969年、アメリカ、カナダ、ヨーロッパそれに日本の台湾独立派の会議がニューヨークで開催され、翌年には世界規模で「台湾独立連盟」が成立した。海外にいる台湾人による独立運動が盛り上がりを見せており、運動をどう進めるか盛んに議論されていた。その頃である、鄭自才は蔣経国がアメリカを親善訪問するという情報を入手し、経国暗殺を考えるようになった。

4 暗殺の発想

1970年1月、世界規模で「台湾独立連盟」が結成された時、当然、鄭自才もその組織に参加していた。間もなく、蔣経国がアメリカを訪問するという情報を得たとき、鄭自才はすぐに暗殺を思いついたが、それは海外にいる多くの台湾人がごく自然に思いつくアイデアでもあった。国民党の政権を倒すには、早い話がトップを消してしまえばいいという考えだが、それも警備が厳しい台湾国内では難しいが、国外であればチャンスがあると、誰もが考えた。

何故、テロという極端な行動を思いついたかについては、1960年代という時代背景と密接な関係があった、と鄭自才はいう。ベトナム戦争に反対する学生運動が盛り上がり、長髪にした過激な学生は、反戦を叫んでアメリカ政府を非難した。鄭は、はやりの反戦ソングなどを聴きながら、学生が必死に平和を訴える現場を見て、行動意欲を掻き立てられたのだと思う。日本でも「ベトナム平和連合」の運動や安保反対闘争などで、学生や市民がデモを起こし官憲と衝突していた時代でもあった。

民族自決の闘争は、ベトナム戦争だけではなかったと、鄭自才は回想する。パレスチナとイスラエル、北アイルランドとイギリスなどの紛争もあった。パレスチナはイスラエルから独立することを願い、北アイルランドはイギリスから独立するために過激な行動をしていた。祖国の独立のために、多くの人が命をかけて戦っているのを見て、自分も台湾のために闘うのは当然だと考えた。

蔣経国の暗殺計画を最初に具体的な問題として提出したのは鄭自才であった。海外にいる台独派であれば、普通に思いつくことではあったが、実際に行動することは別次元の問題であった。鄭自才の非凡なところは、自分を犠牲にしてもやる価値があると判断したことであろう。

計画の第一の加入者は、当時、鄭自才と同じマンションに住んでいた妻の兄の黄文雄であり、そこに妻の晴美と台湾独立連盟の責任者である頼文雄が加わり、蔣経国暗殺計画は、この四人ですすめられた。

インタビューの時、「あなたの妻はこの計画を知っていましたか？」という質問に対して、「知っているどころか、この計画の一番の理解者であった」と、鄭自才は述懐している。そして、夫からこの計画を打ち明けられた妻の晴美が、反対するどころか、大いに賛同してくれたのを見て、台湾女性は偉大であると感じたという。鄭は、自分がこの計画の中で死ぬことがあっても、語学の堪能な妻は、二人の子供を立派に育てるだけの能力があると感じていた。この時、鄭自才と妻の晴美の間には二人の子供がいた。かわいい子供は大切であるが、子供の将来を考えれば、台湾の将来はそれ以上に大事であった。

5　暗殺計画

暗殺計画はさらに具体化していく。鄭自才は、ルイジアナに住んでいる台独派の一人陳栄成が拳銃をもっていることを知り、彼に拳銃を都合してもらうことを依頼する。陳は、二丁の拳銃と弾薬を、鄭が住んでいるニューヨークのマンションにもってきた。陳は拳銃がどのような目的に使われるかは知っていたが、暗殺計画には参加しなかったと鄭自才は回想している。

射撃の練習は、ニューヨークのロングアイランドの人気のない浜辺で行ったという。鄭は黄文雄と共に、低い灌木が茂っている砂地にコカ・コーラのビンを置き、それを標的にして射撃の練習をしたという。

1970年4月18日、蔣経国がカリフォルニアに着いた。全米各地から台独連盟の仲間がロサンジェルスに集まり、デモをして蔣経国に怒りをぶつけた。4月20日、蔣経国はワシントン郊外のアンドルーズ空軍基地に移動するが、そこにも60名くらいの台独派が、反蔣のプラカードをもって待っていた。プラカードには、「我々は沈黙する台湾人の代表だ。台湾人は自由と民主が欲しい。」と書かれていた。この後、蔣経国はニューヨークに移動することになっていた。移動日の4月24日には、同じようにデモを行う予定であったが、鄭自才は、その日に暗殺を実行する覚悟を決めた。

4月23日、鄭を含めた四人の暗殺グループは、最後の打ち合わせを行った。打ち合わせの焦点は、拳銃をどうやって現場に持ち込むか、誰が撃つかなどの役割についてだった。まず、拳銃の持ち込みは、黄晴美が何かに包んで持っていくことになった。誰が撃つかについては、すぐには決まらなかった。テロ行為は殺人であり人生をかける問題であるが、場合によってはその場で殺される危険もあった。

鄭自才と黄文雄がそれぞれ志願したが、結局、黄文雄に決まった。黄文雄の志願の理由は、自分は結婚していないし、妻子もいないからだった。鄭自才は、妹の晴美と結婚して、二人の子供がおり、鄭に万が一のことがあれば犠牲が大きいからという理由だった。黄文雄の妹を思う優しい気持ちが伝わってくる。

4月24日、蔣経国はニューヨーク市郊外の空港に降り立つと、専用車で市内に向かった。その日の予定は、正午頃、五番街のプラザホテルの前で、アメリカで商工業を営む台湾人に対してスピーチをすることだった。ホテルの前の広場では、30人くらいの台湾人が集まり、国民党の独裁政治に対して、抗議の集会を開いていた。

その日の午前中、鄭自才、黄文雄、黄晴美の三人は、車でマンハッタンに到着していた。前日の打ち合わせに従い、蔣経国を撃つ行動に入った。黄は、拳銃を忍ばせながら群衆の中に溶け込み、鄭は、デモをする群衆に交じってビラを配りながら、現場の情況を観察していた。

6　暗殺実行

正午頃、蔣経国の専用車がプラザホテルの前に到着した。鄭自才は、後部座席にいた蔣経国が、ビラを配っている自分を見たような気がしたと、回想している。車から降りた蔣経国は、ニューヨーク市の制服を着た警察官やガードマンに囲まれて、ホテルに向かってゆるい石段を上がりはじめた。不審な人間がいれば、すぐにわかる状況であった。蔣経国がゆるい石段を上りきって、おどり場の先のホテルの入口に向かって歩きはじめた。ホテル正面の回転ドアにさしかかった時、黄文雄は飛び出して撃った。弾は、蔣経国の頭の上20㎝くらいのところを通過したが、銃声による大混乱の中で黄は地面に叩き伏せられ、2発目を撃つことはできなかった。

ビラを配っていた鄭は、黄が倒されたのを見て、とっさに助けようと前に出たが、現場の警察に殴られて倒れ、頭に流血する傷を負った。鄭は、地面に組み伏せられた黄に近づかなければ、捕まることはなかったが、現場に黄だけを残して去ることができなかった。二人は逮捕されて手錠をかけられ、車に押し込まれて警察局に移送された。

鄭自才は、頭に傷を負っていたので、病院に連れて行かれたが、その時、鄭は着ていたレインコートの中に、事前に準備した弾丸が一発残っているのに気がついた。それをどう処理したらいいかと考えていたが、おりよく黒人女性が押す洗濯物が入ったカートがそばを通ったので、とっさにそこに弾丸を入れてしまい、証拠として発見されずに済んだ。その日の午後、二人は検察局に送られて、拘留の決定を受けた。

蔣経国の暗殺未遂により、鄭自才と黄文雄は、検察局に拘置されていたが、鄭は事件の約1カ月後に台湾独立連盟による保釈金9万ドルの支払いで解放され、その2カ月後に同じく黄も11万ドルで保釈された。法廷闘争については、黄文雄は、有罪を認めるが、鄭自才は無罪を主張することにした。鄭についての挙証責任は、検察側にあるとして、鄭を有罪にするには検察側が証拠を探さねばならなかった。

それにしても、アメリカの検察は、この事件をそれほど重要視していなかった。殺人未遂とはいえ、蔣経国を傷つけたわけではなく、また、事件の背景には「台湾人の人権」問題が絡んでいたからであろうか。簡単に保釈を認めているのは、犯人は粗暴犯ではなく、アメリカ留学の経歴をもつ台湾人のエリートであったからであろう。事件を扱うアメリカの司法当局に流れる民主主義の意識は、事件の本質について的確に見抜いていた。

さて、有罪の決め手になると思われる証人は、拳銃を鄭に渡した陳栄成であった。鄭自才は、台独連盟の責任者である蔡同栄に連絡をして、陳に逃げるように言ったが、時すでに遅く、すばやい警察の動きにより、陳は逮捕された。陪審裁判の結果、黄文雄、鄭自才、陳栄成の三人はすべて有罪となり、量刑については、後日決定することになった。

陪審員による評決があった当日、仮釈放されていた鄭自才と黄文雄は、顧問弁護士に量刑のことなどを相談しながら、逃亡することを決めていた。弁護士に向かって、刑期宣告については出廷しないことにしたというと、「お好きにどうぞ」と言われた。事件は、台湾の人権問題に関することなので、弁護士はおおらかな気持ちであった。この後二人は海外に逃亡して、潜伏生活をおくることになる。

7 国外逃亡

1971年7月、刑期宣告の法廷が開かれた時には、鄭自才は、他人のパスポートでアメリカを脱出し、スイスに入国していた。そこで「スイス台湾同郷会」会長の黄瑞娟の紹介で、弁護士を通してスイスへの政治亡命の可能性を探った。しかし、スイスとアメリカは友好関係にあり、スイスへの庇護をもとめるのは難しいとの回答であった。そのスイス人弁護士は、鄭自才に同情し、自宅に招待して豪華な食事で接待し、事件を詳細に分析したうえで、スウェーデンを亡命先として推薦してくれたという。

鄭自才はスイスを出国してスウェーデンに入国する。ストックホルムのＹＭＣＡに宿泊しながら、台湾独立派の彭明敏と連絡をとり、さらにスウェーデン人のベルナルド教授に連絡した。ベルナルド教授は、「国際特赦組織」のメンバーで、彭明敏のスウェーデン亡命を手伝ってくれた人物である。

鄭自才はスウェーデンの居住権を取得していたが、1972年6月、スウェーデンの人権団体は、アメリカから鄭の引き渡し要求をうける。鄭はハンガーストをして抗議したが、スウェーデン政府は、二つの条件を出して、鄭の引き渡しを認めた。その条件とは、台湾の国民党に引き渡さないこと、刑期が終わったら、スウェーデンに帰して定住を認めることであった。宣告された刑期は、2年数カ月くらいだったようで、1974年の年末には、アメリカでの刑期を終えて、スウェーデンに帰ることができた。スウェーデンの人権意識、民主活動家に対する支援は素晴らしい。

鄭自才は、スウェーデンに8年、その後カナダに8年住み、その間に台湾人の呉清桂と再婚していた。この間の事情について鄭は話していないので、詳細は不明だが、前妻の黄晴美が住むアメリカには戻れないため、夫婦はそれぞれ別の道を歩みはじめたからであろう。なんとも残念に思うのは、私だけではないだろう。

事件から18年が経ち、1988年、蒋経国の死と共に蒋家の支配は終焉、台湾生まれの李登輝が総統になり、民主主義の道を歩みはじめていた。それまで、国民党政権下でブラックリストに載せられて、帰国が認められなかった人たちが、台湾に帰りはじめていた。

黄文雄は1996年に台湾に帰るまで潜伏生活を続けるが、逃亡生活についての詳細は記されていない。長期の逃亡生活から解放されて1996年台湾に帰国し、1998年には、台湾人権促進委員会の会長に就任し、2000年には陳水扁政権で、中華民国総統府国策顧問も務めている。台湾人にとっては、隠れたヒーローなのだ。

8　その後の鄭自才

李登輝が総統に再選された翌年の1991年1月、鄭自才の再婚した妻、呉清桂の父親が亡くなった時、彼女もブラックリスト組だったが、喪に服するためということで帰台を認められた。そのため国外生活を続けていた鄭自才も台湾に戻ることを希望、同年6月、正規の手続きをとらずに台湾に帰国。国家安全法に違反する不法入国ではあったが、逃げ隠れしない堂々とした帰国であった。逮捕後、台北地裁での判決は、懲役1年、高裁に控訴したが棄却され、執行猶予はつかず、1年の懲役刑が確定した。1年後の1993年、57歳の鄭自才は、晴れて自由の身になった。20年に及ぶ逃亡生活は辛いことであったが、それでは、暗殺計画はまったく無意味であったかというと、そうではなく、蔣経国の頭脳に何らかの影響を与えたことは充分に考えられることだった。

さて、台北駅から南に歩いて10分くらいのところに「二二八和平記念公園」がある。以前は「台北新公園」という名称だったが、1996年2月28日、事件で亡くなった人を追悼するために「二二八和平記念公園」と名称が変更された。公園の中央には大きなモニュメント「二二八記念碑」が建っている。記念碑の形状は槍のような細い尖塔が天に向かって突き出し、それを支えるように二つの四角いモニュメントがあり、その下に大きな石の球を半分にした面に二二八事件が起こった歴史的な背景などについての説明文が書かれている。

二二八事件は、台湾人にとっては絶対に忘れられない事件であるが、その記念碑は鄭自才が中心になって設計したことを知る人は少ないだろう。デザインに関わった鄭は、台南の名門、国立成功大学で建築を学んでいるので不思議はないが、天にのびる槍のようなモニュメントは、鄭自才がどのような思いを込めて設計したのか知りたいものである。

9 台湾史の皮肉

鄭自才夫妻、黄文雄の暗殺計画は失敗したが、動く標的を狙撃することは、よほどのプロでない限り難しいことなのであろう。しかし、もしもの話であるが、暗殺が成功していたらどうだったのかと想像してみる。つまり、あの時蔣経国が暗殺されていたら、その後の台湾はどうなったかという問題である。

蔣経国はかつては特務のボスで恐怖政治の元凶であったが、その一方、台湾に民主主義をもち込んだ柔軟な精神をもちあわせていた。歴史というものは皮肉なもので、鄭自才の熱い思いが実現しなかったことは、台湾の歴史にとって幸運であったともいえる。

蔣経国の晩年は一変して国民党の独裁政治を断念、台湾における民主政治の道を開いている。その民主化の第一歩として、自分の後継者は蔣家から出ることはないと宣言する。思い切った決断だが、こんなことが言えるのは蔣介石の息子だからであり、蔣家以外の人間には到底言えることではない。さらに、台湾生まれの李登輝を見出して副総統に抜擢、台湾民主化の道をさらに進める。もし、蔣経国以外の外省人に政治を任せたら権力闘争を起こして政治は混乱するだろう。台湾に民主主義がもたらされた一つの大きな要因は蔣経国の存在であり、もし彼が暗殺されていたら歴史は変わっていただろう。

当時の蔣経国は台湾独立を意識していたかどうかは不明だが、李登輝という本省人を権力の中枢にもってきたことは、台湾の進むべき道を暗示していたように感じる。蔣経国がいなければという仮定のこたえは、台湾の民主化はもっと後になっていただろう、ということになる。蔣経国に対する毀誉褒貶、その人生を評価するのはなかなか難しいことだが、台湾の歴史にとっては大きな存在であった。

李登輝物語　1

1　李登輝の悩み

1968年、45歳の李登輝は二度目のアメリカ留学から帰国、台湾大学の教授に復職した。さらに10年ほど勤めていた農復会（農業復興委員会）では顧問に昇格して、初期の目標を達成、ほっと一息していた頃だった。農復会は、アメリカの経済援助により農業の生産技術を向上させることが目標で、李登輝にとって、農業経済学の知識を活用できる理想的な職場だった。仕事は楽で待遇もよく、時折日当たりのよい窓辺に腰を下ろし、台湾の将来や留学した時の仲間などについて考えていた。

アメリカ留学での一番の変化は、「台湾独立」という漠然とした思いが確信に変わったことだった。留学生の熱い思いに触れて台湾の未来が見えてきたが、過激なことはできない。では、どうするか、それが問題だった。

李登輝は歴史を振り返ってみる。清が日本に負けて台湾が日本に割譲されたとき、「台湾民主国」を掲げて日本に立ち向かったこともあった。そして戦後、日本の統治から解放されたとき台湾人は漠然とした「自分たちの国」を期待した。しかし、現実は中華民国国民党による汚職と略奪の独裁政治で、自分たちの祖国は単なる幻想でしかないことに気がついた。

程度の悪い国民党に期待せず、共産思想を受け入れて大陸の同胞に援けを求め台湾解放を期待したほうがいいと考えたこともあった。李登輝は一時期共産思想に共鳴して、大学の読書サークルでマルクス理論について議論したこともあった。その結果はどうだろう。二二八事件の時には国民党の特務に追われ、死の恐怖から檻の中の兎のようにじっとしていた頃を思い出す。あんな体験は二度としたくない。

以前、王育徳や彭明敏が国民党に立ち向かったこともあった。だが、どうだろう。王育徳は特務に命を狙われ日本に亡命、彭明敏は逮捕・投獄された。国民党にとって台湾独立は、共産主義と同様に危険な思想なのだ。

あれこれ考える毎日だが、いいアイデアは浮かばない。自分の国を持つことはごく自然な願いなのだが、その実現となると一筋縄ではいかない。さて、どうするか？　それが問題だった。

2　秘めたる思い

二度目の留学から帰国し、平穏ではあるが無為な日々を送り2年が過ぎた頃だった。後になって思い返せば「人間万事塞翁が馬」という言葉そのものだが、思いがけない災難が、結果として新しい道を開くきっかけになった。

その災難とは、タイ国との友好関係に基づき、台湾農業技術援助団の団長として、バンコクへ赴任する時のことだった。いつまで経っても出国の許可が下りない。公安当局にマークされている李登輝は、「またか！」という気持ちだった。以前は「台独」の疑いで逮捕され尋問を受けて数カ月も拘留されたこともあるが、今度は「テロ事件」への関与だった。

テロ事件とは、1カ月ほど前ニューヨークを訪れていた蔣経国を狙った暗殺未遂事件のことだった。犯行は台独派の留学生によるもので、李登輝は留学していた当時、彼等と交流関係があったため、事件への関与を疑われたのだった。

この時、公安当局に事情を説明して、疑いを払拭してくれたのが、内政部長徐慶鐘と農復会の責任者沈宗瀚だった。徐慶鐘は李登輝が台湾大学の学生だった時の恩師でもある。二人は李登輝を弁護する報告書を、直接蔣経国宛に提出した。

「ニューヨークで事件が起きたのは、一九七〇年四月でしたが、李登輝が留学していたのは、その二年前であり、事件当日は台湾におり事件に関与できるわけがない。」

また、

「李登輝は敬虔なクリスチャンであり、暗殺などという人道にはずれたことをするはずがない。李登輝が台独派であるというのは、単なる噂であり、そのような活動をしたことは一度もない。」

報告書はさらに続き、次のような内容で締めくくられていた。

「李登輝がアメリカに留学したのは農業経済を学ぶためであり、台湾の遅れた農業を改革することが目的でした。彼はコーネル大学で農業経済に関する博士号を取得し、その論文は、全米最優秀農業経済学賞を受賞しています。」

さらに、

「李登輝は農復会で十年以上も仕事をしていますが、まじめな勤務態度と農業経済に関する知識はたいへん優れています。この際、彼の農業経済の理論を聞いて、台湾農業の発展に利用してはどうでしょうか。」

公安当局としても、確たる証拠があって疑っているわけではなく、台独派として通りいっぺんの調査をしただけであり、それ以上の追及はしなかった。しかしながら、この報告書は李登輝に新たな転機をもたらした。恐らく報告書に目を通したであろう蔣経国が李登輝の「農業経済に関する理論」を直接聞いてみたいと考えたことだった。

この頃、蔣経国は台湾経済の発展を摸索しており、3年後、1973年には十大建設計画を発表している。時間があれば地方の状況を見るため各地に出向いて地元の有力者と打ち合わせをするなど、台湾の新しい進む道に精力を傾けていた。そんな時期に、側近の徐慶鐘が提出した「李登輝に関わる報告者」が蔣経国の目にとまったことは、李登輝にとって幸運だった。世の中を変えていくのは、やはり人と人とのつながりなのだろう。李登輝の人柄、といってしまえばそれまでだが、内政部長の徐慶鐘や農復会の責任者の沈宗瀚のように李登輝に好意をもつ人たちが周りにいたことは、幸せなことだった。司馬遼太郎の『台湾紀行』の表現を借りれば、山から切り出した大木に目鼻を付けたような風貌、そして真面目で実直な性格が好感を抱かせたのかも知れない。

この頃から李登輝の身辺の動きが活発になってくる。テロ事件の関与を疑われてから3カ月ほど経った7月、再び李登輝は警備総司令部に呼び出されて尋問を受けた。「今度は何か？」と思った。以前は共産主義者として疑われ、次はテロ事件の関与、今度は一体何が問題なのか。早朝出頭して夕方に帰宅するという状態が1週間ほど続いたが、尋問の内容から思想的な再調査だろうと推測できた。しかし、取り調べは以前ほど厳しくはなく、李登輝の思想経歴や交友関係を調べた後、間もなく釈放された。釈放するにあたり、取調官は捨て台詞を投げつけた。

「お前のようなやつは、蔣経国くらいしか使わない」

その時はやっと解放されたという安堵感が強く、軽く聞き流していたが、その「捨て台詞」にはある意味が込められていた。長年の友人である王作栄によれば、その時の呼び出しは単なる思想調査ではなく、別な目的があったという。それは蔣経国の指示による調査であり、理由は、李登輝を政府関係の仕事につかせるための事前調査だった。

もし、現実に李登輝を国民党の幹部として採用したとすれば、共産党や台独の思想について、国民党幹部から追及されないとも限らず、予めその批判をかわすためだった。もちろん、その調査は内部からの批判対策ばかりではなく、国民党員として活動するのであれば、共産主義は言うに及ばず、台独思想も絶対に受け入れられないことを警告していた。釈放する際、取調官が言った「捨て台詞」には、「台独」の噂のある李登輝の採用を快く思わない取調官の皮肉が込められていたのだった。

この時期李登輝は内なる思いを胸に秘めて、流れに身をまかせていた。コーネル大学に留学していた当時、台独派の留学生と付き合っており、そのことは公安当局に伝わり一部の政府関係者の間では噂になっていた。台湾からの留学生を自宅に招き食事を共にしていたことは公安当局に把握されていた。留学生の多くは台湾の現状に不満で、台湾独立は主要なテーマであった。李登輝自身も台湾の現状に不満をもっており、台湾は独立すべきとの考えが確信に変わったのもこの時期だった。

ただその当時、李登輝は将来について明確なビジョンがなく、まして将来国民党の幹部とお付き合いすることとなるとは、全く考えていなかったので、公安局のことなどは気にも留めず、オープンな形で留学生と付き合っていたのは、後から考えれば悔やまれることだった。

3　蔣経国との出会い

テロを疑われてから1年ほど経った1971年8月、内政部長の徐慶鐘を通じて連絡があった。李登輝は蔣経国に呼ばれて、農業経済に関する意見を述べることになった。副総統の蔣経国からの呼び出しであれば、悪い話ではないと思った。人の運命は予測がつかないもので、結局、テロ事件への関与を疑われたことが、李登輝が新しい道に進む契機になった。

面会当日、李登輝は松江路にある自宅から歩いて行政院に向かった。行政院は中華民国最高の行政機関である。中山北路と忠孝東路の交差点近くにあり、白亜の4階建て、日本時代の風情を残した落ち着いた雰囲気をもっていた。

通用門で守衛に来意を告げて受付を済ませると、やがて秘書が現れて李登輝を案内した。李登輝にとっては初めての場所であり、特務のボスとして恐れられている人物を想像して緊張していた。

秘書に導かれて副院長室に入ると、窓際の大きなデスクに座っていた蔣経国は、李登輝を見ると立ち上がりながら言った。

「よく来てくれました」

握手を求め、ソファーに案内して二人は腰を下ろした。蔣経国の第一印象は、人の好い小太りのおじさん風で、眼鏡の奥の目は優しそうであり、特務のボスの眼光は感じられなかった。

「農業の専門家ということで」と蔣経国は言った。

「大学の方はお忙しいですか？」

「いえ、それほどでもありません」李登輝はこたえた。ソファーに浅く座り、少し前かがみで緊張していた。

蔣経国は笑顔で李登輝を見ていたが、すぐに本題に入った。

「さっそくですが、台湾の農業はどうあるべきですか？」

李登輝は、まずアメリカ社会を思い描きながら、

「民主的な社会を基礎にして、人々の自由な経済活動を認めることが重要です」と前置きした。

経済の建設については、農業と工業のバランスのとれた発展が必要であること。工業の発展は必要不可欠ですが、その前に遅れた農業を近代化することが大事であること。国営企業を合理的にコントロールし、大企業ばかりでなく中小企業の活動を保護すべきこと。農業についていえば、「作物と肥料の交換制度の廃止」をまず実施すべきことを説明した。

蔣経国は時々頷きながら聴いていた。おそらく、と李登輝は思った。蔣経国の脳裏には、経済建設の青写真はできているはずだと思いながら、むしろ自分を観察しているような気がした。

「経済発展に対して農業は何ができるでしょうか？」

蔣経国はそう言うとテーブルに置かれた茶を一口飲んだ。

李登輝は、農業と工業を一体として捉え、結論としては、農業の発展によりそこで得た利益で工業の基礎をつくり、工業で得た利益を農村に還元すべきであることを説明した。農業経済は得意分野であり、思わず熱が入った。

「温暖な台湾の気候を最大限に発揮させるために、農村を近代化すること、旧い制度を廃止して、生産性の高い合理的な組織をつくることが必要です」


蔣経国は時々頷きながら聞いていたが、その様子は、特務組織のボスの感じではなく、成長した自分の息子を見る優しい父親のような感じだった。おそらく彼の頭の中には、すでに台湾の民主化という構想ができており、そのためには台湾出身の若手を起用する必要があり、その候補として李登輝のことを観察していたのではないかと思われた。

少し話をした結果、緊張感はなくなったが、見方によっては相手の気を引くことが上手な政治家のパフォーマンスかなとも考えた。しかし、その表情や仕草は自然で温かみがあり、とても演技であるとは思えなかった。偉ぶったところがなく、親子の会話のような問いかけに、つい相手が誰なのかを忘れてしまいそうになった。久しぶりに会った知人のように気取らない蔣経国の態度に親しみを覚え、「これならついて行けそうかな」という思いを抱いた。雑談気味に、家族のことやお互いクリスチャンであることなどを話して、話し合いは終わった。立ち上がり、笑顔でドアを開けて李登輝を送り出す蔣経国の仕草は、アメリカ仕込みの紳士のたしなみのように見えた。

4 王作栄

蔣経国との出会いから1カ月ほどした頃、王作栄が笑顔で農復会にいる李登輝を訪ねて来た。王作栄にはいつも、いつも感謝してしまう。初めて会ったのは10年ほど前、農復会を訪ねて来た時だ。政府の役人なのに、アロハシャツを着た気軽な格好だった。その時は計量経済のモデルの作成の依頼であり、それ以後ずっと付き合っている。少し年上だが、いい友人でもある。

「経国先生の覚えもいいようだ。農業経済でのポストを考えている」

と王作栄はいった。

「気持ちは決まったかな」

王作栄は国民党への「入党申請書」を見せて、必要事項を記入して出すようにと言った。政府で活動するためには国民党への加入は必須の条件だった。

「国民党か！」

改めて李登輝は自分に問いなおした。

ずっと考えてきたことだが、改めて「入党申請書」を目の前にすると、複雑な感情が湧いてきた。忘れようにも忘れられない、終戦直後の頃を思い出す。戦いに敗れて台湾に逃亡してきた規律のない国民党軍には幻滅。やがて彼らが台湾住民を無差別に殺戮するのを見てからは、幻滅は憎悪に変化した。その思いはいまも変わらない。その国民党に入党する！　それは台湾人に対する裏切り行為ではないか。神罰にでもあたるかもしれないと本気で考えた。しかし、自分の究極の目標は台湾の独立によってしか解決できない。それが外側からでは無理ならば、内側からやるしかない。入党して国民党を少しずつ変えていく、今できることはそれだけだ。時間はかかるが、急がば回れだ。やがては消えてなくなるべき存在に自分が加入することは気が進まない。しかし、ここまできた以上後戻りはできない。乗り掛かった舟であり、李登輝は乗ってしまえという心境になった。

王作栄は入党に関して、いくつか質問をしてきた。王は李登輝の心情は理解していたが、入党ということになれば再確認する必要があった。もちろん「台独」の噂がある李登輝の真意を確かめるためだった。

「若い連中には、台湾独立を叫ぶ者がいるが、どう思いますか?」

王作栄は静かな調子で語りかけた。

台独思想は受け入れられないことは知っていたので、

「大陸と台湾は同じ中国人なので、いずれは統一されるのが自然だと思います」と李登輝はこたえた。

王作栄は続けた。

「アメリカに留学していた時、台独派と付き合っていましたね?」

「一緒に食事などしたことはありますが、同郷の留学生だったからで、特別、台独などを意識したことはありませんでした」と李登輝はこたえた。

「ニューヨークでのテロ事件は知っていますね?」

「はい」

「当局はあなたの関与を疑っています」と王作栄。

テロ事件とは、鄭自才がニューヨークで蔣経国を狙撃したことだった。

「事件の2年前に台湾に戻っています。どうやって彼らと連絡をとったというのでしょうか?」

「問題はそのあたりですね」と王作栄はいった。

「留学生同士のお付き合いでした」李登輝は静かにこたえた。
「あなたの言葉を信じましょう」

王作栄は李登輝の悩みを察していたようだった。彼はすでに李登輝の経歴は調べていた。留学時代に「台湾独立」を主張する学生と付き合っていたことは把握しており、李登輝が単なる学者ではないと感じていた。しかし、そんなことはおくびにも出さず、作栄は笑顔で話した。
「国民党にも悩みがあります。蔣総統は高齢だし、経国先生もいろいろな問題を抱えています。立法院の議員などは高齢で何もしないくせに高い報酬ばかりもらっている。改革しなければならない問題は山積みですが、現状の国民党員ではどうにもならない。こんな時にあなたのような台湾生まれの人間が必要なんです。問題が何かについて、内部にいては分からない。外から眺められる人材が必要なんです。国民党に入って内部から変革してみてはどうでしょうか」

王作栄は真顔でいい、たとえ李登輝の真意がどうであろうと、国民党に入れば、国民党員として活躍してくれると考えていた。政府関係者から「李登輝は台独です。そんな人間をつかって問題が起きた時は、すべてあなたの責任ですよ」と念を押されていたが、以後この問題には触れなかった。

王作栄のはなしを聞いて、李登輝は何とも幸せな気持ちになった。確かに外からでは無理だが、内側からなら少しは道が開けるかもしれない。李登輝は、嫌いな国民党ではあるが、ここはじっと我慢して、入党するのも一つの選択肢ではないかと思った。王先生のアドバイス？ つまり国民党を内部から変革するという考えは確かに素晴らしい。一方台湾人を裏切るような行為でもあり悩みはあるが、やってみる価値はあるだろうと思った。

国民党の実情を聞いて心の中の葛藤が少し和らいだような気がしたからだった。悩みは何処にでもある。心の中、人間関係、そして社会の中にも、急ぐ必要はない、一つずつ解決していけばいいと思った。

王作栄は李登輝を採用する気持ちは決まっていたが、残る不安は、李登輝を疑う国民党の幹部をどのように説得するかであった。しかし、その判断は最終的には蔣経国に委ねられており、蔣経国の意向を今から気にしても仕方がないと考えていた。

一方、李登輝は王作栄の期待に応えるつもりでいたが、心の中を見透かされたようでもあり、故意にではないにしても王作栄を騙していることに、申し訳ない気持ちもあった。

しかしながら、自分の人生の目的のため、そして台湾人のためであれば、イエスも必ず許してくれると考えていた。

「少し待って頂けますか」と李登輝は言った。

王作栄は笑顔で軽く頷いた。その場で「入党申請書」に記入する気にはなれず、妻にも話してみたくなり、1日の猶予をもらった。

5　国民党

王作栄が帰った後、李登輝は「入党申請書」を手元に置いてしばらく考えていた。入党の意思は固まっていたとはいえ、同胞を裏切ってまで国民党員になることに対して、気持ちの整理が必要だった。自宅に戻ると、妻のふみに相談した。会話は日本語、夫婦の日常だった。ふみはいとも簡単に結論を出した。

「大丈夫。王先生が言うように、国民党を内側から改革すれば!!　適任よ。あなたならできる」

ふみ！　お前は素晴らしい、と叫びたくなった。妻の言葉を聞いて心は決まった。このまま農復会の顧問として働くのは、何もしないことと同じ。それよりも信念をもって行動する方がずっと大切である。少し回り道をすることになるが、台湾を変えるためには仕方がない。李登輝は、いつの日か自分の気持ちを素直に言える時が来ると思い、その日までは、我慢しようと心に決めた。翌日、李登輝は手書きした「入党申請書」を王作栄に渡した。数日後、入党の宣誓を行う日時と場所の連絡を受けた。

国民党へ入党した日のことは昨日のことのように覚えている。台湾人がよく使う季節用語に「秋の虎」という言葉があるが、立秋を過ぎたのに、突然真夏に戻ったかのように照りつける強い日差しのことを言ったものだった。1971年10月、その日は「秋の虎」といわれるような強い日差しが中山北路の路面に降り注いでいた。

李登輝は、紹介人の欄には王作栄の名前を書いた入党申請書を持参して、国民党中央党部へ行った。中央党部ビルは総統府と向かい合うような位置にあり、ビルの正面には金文字で「中国国民党　中央党部」と書かれている。その金色の文字は外来政権の象徴であり、ずっと憎悪の対象だったが、その集団に自分が加わるということに対して違和感は消えなかった。

李登輝を待っていた王作栄に付き添われて国民党内部に入り、案内されるままに地下室へ降りた。そこには国民党の幹部が数名並んで椅子に腰かけていた。立会人として王作栄が見守る中、幹部の一人が立ち上がり入党宣誓の儀式を始めた。その間、李登輝は足が震えるのを感じ、流れる汗を拭いながら、読み上げられた宣誓文を正確に繰り返した。

儀式が終わり中央党部の地下室から外に出て、李登輝はほっとしたが、同時に自分は国民党員になったのだと考えると、台北の街が少し違って見えた。李登輝は悪魔に魂を売ったファウスト博士の心境だった。時が来るまで、自分の真意をひた隠しにして、蔣経国に忠誠を誓い、野心のない学者政治家を演じていこうと思った。

李登輝とファウスト

1　台湾人の幸せ

『ファウスト』はゲーテ作の悲劇のことだが、読書家の李登輝は、旧制高校の頃よく読んだという。1981年台北市長の時、音楽祭でこの悲劇がオペラとして公演されたことがあったが、李登輝はこのオペラを市民は理解できるのかと不安に感じたという。しかし、意に反してオペラは好評、さらに翌年には再上演されるような人気を得たのをみて、市民がそのテーマを理解したことに大きな喜びを感じたという。

なぜ、李登輝は若い頃に読んだ『ファウスト』に対して特別な思いを抱いたのだろうか。李登輝は、そのことについて、『台湾の主張』（36頁）の中で次のように述べている。

クリスチャンになって得た最大のものは、愛という問題だった。その愛とは、自分の人生を肯定的に見ることであり、ゲーテの『ファウスト』はまさにこのテーマを追求したものだったという。罪を重ねる人生をやり直したファウストは、最後に自らが創りあげた調和のある国に向かって、「止まれ、お前は美しい」と感極まって言ってしまう。その瞬間、メフィストフェレスとの「悪魔の契約」にもかかわらず、ファウストの罪はすべて許されて魂は天に召されていく。

この作品でゲーテが語るのは、罪が深くとも、真摯に生きた者を救うのが神の愛に他ならない。『ファウスト』という作品は、思想的にゲーテの自伝的なものだという見方もあり、ワイマール公国の宰相になったゲーテは、理想の国づくりを目指して精魂を傾けた。その体験がファウストという作品を書く動機になったようだ。

李登輝の人生も、まさか悪魔との契約は結んでいないが、反省や後悔の繰り返しであり、自分を徹底的に肯定しようとする激しい自我とその自我をどうにか否定したいという強い意志の間でバランスがとれなかったと告白している。

国民党に入党後の李登輝は、自分の人生を取り戻すかのように努力する。ゲーテがワイマールの宰相になったように、李登輝も政治の階段を上り、いつの間にか総統になっていた。台湾人を苦しめていた楔が解かれ、かつての夢が現実になり、自由で民主化した台湾を見ると、ゲーテのファウストのように「止まれ。お前は美しい」と叫びたくなったという（前掲２２２頁）。

2　悲劇『ファウスト』

ゲーテ作の悲劇『ファウスト』のストーリーを簡単にいえば、キリスト教における「愛とは何か」についての物語ということになる。テーマそのものは簡単だが、ストーリーは複雑で、翻訳者に申し訳ないが、実感としては読み通しても素直に感動できるほど易しくはないと思う。とはいえ、全体の流れを要約すれば、李登輝が『台湾の主張』で述べているように「どのような悪事をはたらいても、心を入れ替えて努力すれば、必ず救われる。」という、キリスト教の愛がテーマである。

物語はファウスト博士の悩みから始まる。彼は、哲学、科学、天文学などを通して「生きる意味」を理解しようとする。しかし、それらの学問を究めてはみたが、満足はできない。さらなる欲望を満たすために、悪魔であるメフィストフェレスと契約を交わし、悪業の限りを尽くす。

その契約とは、悪魔であるメフィストフェレスが、魔術をつかって、あらゆる快楽をファウスト博士に提供し、その結果、ファウスト博士が何もする気が起きなくなるほどに満足したら、悪魔に自分の魂をあげてもよいという内容だった。はやいはなしが、「おれを満足させたら、この命はお前にくれてやる」という投げやりな契約だった。悪魔の手引きにより、美しいグレートフェンをものにして、懐妊させ、彼女を手に入れる過程で、その母親と兄を殺してしまう。第二部では、その悪事はさらにエスカレートする。しかし、ファウストは悪事の限りを尽くすが、ついに満足することはなかった。

時を経て、高齢になり、悔悛したファウスト博士は大きな土地を手に入れて、人々が楽しく安心して暮らせる国づくりを目指す。しかし、悪魔であるメフィストフェレスの妨害にあい失明する。それでも、高齢で盲目になったファウストは諦めず、土地の開拓を、自分の人生の最高の仕事と考えて努力する。

そして物語は最終章へ。完成を目前にしながら、生まれ変わった緑豊かな自由な土地を思い浮かべてファウストは夢うつつの境地で「止まれ。お前は美しい」と叫んでしまう。その瞬間ファウストの息は絶え、悪魔のメフィストフェレスに魂を奪われそうになるが、天使が舞い降りてきてファウスト博士を救い出す。

後年、李登輝は民主化された台湾を見ると「お前は美しい！」と何度も叫びたくなったという。自分の人生をファウストに重ね合わせたからだろう。

李登輝の青春時代は悩みの連続だったと告白している。人間とは何か、人生とはどうあるべきかについて問いかける青春だった。仏教思想や唯心論、西田幾多郎の『善の研究』

やアインシュタインの物理学のこと、ドイツの文学、ゲーテの『若きウェルテルの悩み』や『ファウスト』など。さらに郭沫若の思想、マルクス・エンゲルスの『資本論』まで読み漁った。そして、キリスト教との出会い。このあたりの思想遍歴はファウスト博士に似ている。

やがて、入信した李登輝は、罪深くても、真摯に生きた者を救うのがキリストの愛であるということに気が付く。李登輝がファウスト博士の人生に共感を抱いたとすれば、それはどういうものなのだろうか？

3　李登輝の葛藤

李登輝の生い立ちは非常に特殊な環境の中にあり、それが思想や嗜好の基礎になっている。李登輝（1923〈大正12〉年）が生まれた時、台湾は日本の統治下にあり日本人として生きなければならず、戦後、22歳になった時、台湾は中華民国に統治され、中国人として生きなければならなくなった。まさに人生の悲哀を痛烈に感じた環境だった。李登輝の悩みは、台湾人の自分が日本語を話し、日本人のように振る舞うことの矛盾、かといって、大陸から移ってきた質の悪い中国人に統治されることへの不満などにより、自分の人生をどのように肯定してよいかわからない状態であったと、告白している。このような特殊な環境を考慮しながら、李登輝が直面した「苦悩」、悲劇『ファウスト』流の言い方をすれば「罪業」ともいえるだろうが、次のような事柄が考えられる。

①日本人として生きようとしたこと
②祖父はアヘン販売、父は日本警察の巡査
③中国共産党への接近
④台湾独立派との交際
⑤国民党へ入党

以上の五つの悩み（罪業）について考えてみた。もちろんこれらの「罪業」は李登輝の心の中の葛藤であり、現実社会での問題ではない。

❐日本人として生きようとしたこと

日本時代に生まれ日本語で教育を受け、戦争中は皇民化運動と称して、徹底的に日本人になることを強いられたことは、どのように考えても屈辱の歴史ではないだろうか。異民族に統治されたことのない日本人には想像できない苦しい時代であったに違いない。そのような時代に生きた台湾人には二通りのタイプがいた。一つは、積極的に日本人になろうとした人達、もう一つは、民族的な自尊心を忘れず台湾人であり続けようとした人達である。

その分類でいえば、李登輝が感じる自責の念の一つは、積極的に日本人になろうとしたことだった。一般の台湾人よりも、かなりはやい時期に日本名「岩里政男」に改名しており、日本人として生きることにあまり抵抗は感じていなかった。

戴国煇著『李登輝・その虚像と実像』によれば、李登輝は公学校に上がる時（7歳くらい）にすでに日本名に変えさせられたという。巡査（日本の警察）をしていた父親「李金龍」の日本名は「岩里龍男」であり、親が日本名を名乗っているのだから、その子供に日本名をつけるのは当然と考えていたようだ。幼少の李登輝はいち早く日本名を名乗って台湾人に見本を示そうとしたともいわれている。現実を受け入れて日本人として生きようとしたのは李登輝だけではなかったが、若い頃の苦い思い出として残っている。

このことは、もう一つのタイプ、つまり台湾人としての自尊心を守り続けた人と比べてみるとよく分かる。台湾独立運動の中心的な存在であった彭明敏は、東京大学に留学し、戦後は台湾大学に再入学するなど、李登輝とほぼ同じような経歴（年齢も同じ）をもっている。しかし、彼は日本名を名乗らなかっただけでなく、李登輝と異なり学徒動員として日本の兵役につくことも拒否している。彭明敏のように民族的な自尊心を持ち続けた人間から見れば、李登輝の日本贔屓は異常であり、李自身も心の片隅には、それを「悪業」とみる自責の念はあったようだ。

❐祖父はアヘンを販売、父は日本の巡査

日本が統治をはじめた頃の台湾はアヘンが蔓延しており深刻だった。台湾総督府民政長官の後藤新平はこの悪習に対処するために、アヘンの専売制をはじめた。祖父はその権利をどのようにして手に入れたか不明だが、それで生計を立てていた。

アヘンを売って生活することを快く思う人はいないであろう。李登輝少年としてはどうすることもできないことであったが、後になって思い起こせば「台湾人として生まれた悲哀」として受けとめるしかなかった。

父が巡査であったこと。現在のように個人主義の時代からすれば、祖父や父親がどのような仕事をしようとも、子供に責任はないことは明らかだ。しかし、家族単位で生きていた当時においては、一家の長の職業については世間の目は厳しかった。民族的な自尊心があれば、巡査のように同胞に銃を向けるような職業には、つけないはずだという批判があ

る。そんな批判が聞こえてくれば、多感な李登輝少年は、気まずい思いをしたに違いない。

❐中国共産党への接近

台湾大学に入学した後、李登輝は、共産党への関わりを二度繰り返している。その時期は、おそらく1946年、23歳の頃であろう。加入の動機は、マルクス主義に興味を持っていたこと、質の悪い国民党に幻滅したこと、大陸での国共内戦は、共産党に有利に展開し始めており、やがて台湾も解放されるのではないかという噂があったからであろう。

とはいえ、李登輝は正式な共産党の党員になったというのではなく、参加したのは中国共産党台湾大学支部の読書サークルであった。そのため、二二八事件後の国民党による白色テロ時代には生命の危険を感じ、しばらくは母の実家に避難していたという。この恐怖体験は、その後の李登輝に大きな影響を与えたと思われる。

❐台湾独立派との交際

1968年、李登輝はアメリカのコーネル大学に二度目の留学をする。年長の李登輝は金銭的に余裕があり、留学生を自宅に招いて食事などを振る舞ったが、その中に黄文雄も交じっていた。黄はその頃成立していた「台湾独立連盟」に属しており、祖国に対する熱い思いを李登輝にぶつけたに違いない。彼は祖国を思う優しい青年であり、李登輝は彼のはなしを聞いて大いに共感したに違いない。台湾は独立すべきという思いが、確信に変わったのはこの頃だろう。

2年後、黄文雄は鄭自才と共に、1970年4月24日、アメリカを親善訪問していた蔣経国を暗殺しようとする。この事件は別項で詳述している。暗殺計画は未遂に終わるが、若者の熱い思いを十分感じ取ったことだろう。

独立思想は、李登輝に限ったことではなく、多くの台湾人がごく普通にもっている感情でもあった。台湾への入植は明末から始まったが、その後の300年を経て独自の文化を育てた台湾人には、明確な民族意識、つまり台湾アイデンティティが生まれていた。李登輝はその思いを素直に表現しただけなのである。

蛇足だが、後に国民党に入党する際、蔣経国を撃った鄭自才や黄文雄との交際を問題視されたが、何とか切り抜ける。李登輝のその後の人生に大きな影響を与えた頃のことであるが、何も語ってはいない。

4　国民党へ入党

　戒厳令下で台湾人を殺戮し、自由と人権を奪った国民党員になることは台湾人に対する裏切りであった。しかし、敵を欺くには、まず味方からである。思いを秘めて李登輝は国民党に入党する。

　ここからが李登輝の真骨頂である。ファウストが心を入れかえて、理想の国づくりを始めたように、李登輝も台湾人のための国づくりを始める。国民党というオペラハウスの舞台に立てた李登輝は、ひたすら蔣経国に忠誠を装い、彼の信頼を得て時が来るのを待った。自分をファウスト博士になぞらえたとすれば、総仕上げの舞台であった。

　1972年、行政院の政務委員に任命され農業問題を担当、1978年台北市長、1981年台湾省主席、1984年第七代副総統に就任する。とんとん拍子の出世である。自分の真意をひたかくしに隠して、野心のない学者政治家を演じ続けるが、李登輝が考える「その時期」はもう少し先だった。とはいえ、この頃からストロングマン蔣経国の体調が悪化する。恐らくこれ以後蔣経国はまともに政局を運営する体力は無くなったようだ。持病の糖尿病が悪化、李登輝が台北市長になった頃には、体力は目に見えて衰え公務は自宅に持ち帰りベッドに横たわりながら行ったという。それだけではない、1980年代に入ってからは眼疾で入院、糖尿病の影響が目に表れる。蔣経国は病床から起き上がれず、三男の蔣孝勇を身辺において公務をとる。

１９８６年９月、民主進歩党が結成された。大きな混乱もなく結党されたことは、国民党内にそれを容認する暗黙の合意ができていたからだろう。それから1年後、１９８７年7月には戒厳令が解除される。李登輝が心に秘めていた国づくりが少しずつ表に現れてきた。

病状の悪化で蔣経国はそう永くはないと誰もが考えたが、気になるのは次期総統であった。蔣経国の頭の中には、台湾の未来は台湾人でという考えがあったようだが、本省人の重要閣僚は李登輝だけではない。林洋港と謝東閔は台湾生まれの本省人だ。しかしながら、林洋港は派手な行動のために左遷、副総統の謝東閔は不正な用地取得が密告されて蔣経国の逆鱗に触れて解任、代わりに李登輝が内政部長や行政院副院長もやらずに、１９８４年、二階級を飛び越えて副総統になった。この理由について、若林正丈著『蔣経国と李登輝』では次のように述べているので、原文（１６６頁）をそのまま引用してみる。

「蔣経国からすれば、口下手の学者で、息子を亡くして（１９８２年長男李憲文死去）、野心もなさそうな李登輝が好ましく思えたのであろう。李登輝からすれば、見事に偽装しえていたのだ。」

司馬遼太郎の『台湾紀行』に李登輝との対談が載っている。

「あなたのような方が政治の舞台に現れたのは偶然なんですか？」

という質問に対して、李登輝は、つぎのようにこたえている。

「農業問題が難しい時にぼくが呼ばれた。ぼくは、日本の学問や農業問題しか考えない男で、政治的なことには興味がなさそうに見えたんじゃないのかな」

1971年李登輝は蔣経国と初めて対面する。蔣経国は国防部長であり特務のボスだから、緊張したに違いない。一方、蔣経国にしてみれば、李登輝と台湾独立派などとの交際については知っていただろうが、李を見ると、司馬遼太郎の表現をかりれば、繰り返しになるが、「山から切り出した大木に目鼻を付けたような男」で、とても大それたことをしそうな人間には見えなかったに違いない。もちろんそれは李登輝の計算された演技であり、このチャンスをしっかりとつかむために、ひたすら農業問題などにしか興味のない朴訥な学者に徹した。

司馬遼太郎は問いかける。

「李登輝さんは一介の学者だったのに、よく政治のノウハウを身につけられましたね。ステーツマンであると同時に、ポリティカルな、どろどろしたことまで」

李登輝はこたえる。

「私は子供の頃から敏感だもの。敏感さをどう抑えるかをいつも考えてきた」

司馬遼太郎の鋭い質問に、おもわず本音がでた瞬間であろう。そんな芸当はお手のものというところだろう。司馬遼太郎がいう、「ポリティカルな、どろどろしたこと」とは、目的のためには、相手を欺き、苦しいことを耐え忍ぶことのように思える。まさか、「嘘も方便の政治家」によくなれましたね、とは言えなかったであろうから。

5　蔣経国の死

やがてその時が来る。１９８６年蔣経国は再入院して心臓にペースメーカーを取り付ける。翌年には視力が失われ、担当の医師によれば内臓組織は崩壊して機能を失っていた。１９８８年1月13日、大量の吐血をしてショック状態に陥る。副総統李登輝の見守る中で生命維持装置をはずし、蔣経国は永眠。同日、李登輝は党規により自動的に第七代総統に就く。国民党員になってから17年を経た１９８８年、蔣経国の死と共に、台湾人として初めて総統の地位を継承した。

李登輝の国づくりの総仕上げが始まる。１９９０年国民党の大会で第八代総統に再選される。翌年には「動員かん乱時期臨時条項」を廃止して、大陸と台湾が戦争状態であることを終結宣言する。さらに万年国会議員の退職を実行して国政を正常にする。さらに、最も大きな改正は、１９９４年７月に行った総統の直接選挙への憲法改正だ。これを為し終えて、李登輝が心に描いた国づくりがほぼ完成する。ほぼ完成というのは、李登輝の理想は「台湾独立」であり、それはもう少し先になるからである。

それでは、ゲーテの悲劇『ファウスト』のエンディング、ファウストが天使に導かれて天に昇る時は、李登輝にとってはいつなのだろうか。それは李登輝が政府の第一線から去る時だったと思う。２０００年の総統選において、李登輝は再選を目指しての立候補はしなかった。この辺りが潮時と考えたのだろうか。国民党からは宋楚瑜、民進党からは陳水扁が立候補して総統選が争われた。結果は陳水扁が圧倒的な得票差で当選した。李登輝は、その時の心境を熱く語っている（『アジアの知略』）。

「中国五千年の歴史の中で初めての政権の平和的交代は、私の一生の念願だった。そして、自ら〝李登輝時代〟を終結できたことは最大の喜びでもある。」

このときこそ、李登輝はファウスト博士のように台湾に向かって「止まれ、お前は美しい」と心の中で何度も叫んだに違いない。天使に導かれて天に昇る心境で「すべてこれでいい」と口走った時、李登輝の気持ちは、総統として12年間、国民党に入党してから30年間、必死の思いで担ってきた重荷を下ろして清々しいものだった。

政治活動の締めくくりとして発表した『台湾の主張』の最後のページには、思想遍歴から政治活動にいたるまで、すべてを支えてくれた妻への感謝が述べられている。

李登輝物語 2

1 深謀遠慮

さて、李登輝物語の続きである。

台湾独立を胸に秘めて李登輝の静かな戦いが始まった。国民党を内側から変えるという王作栄の言葉を思い出してはいたが、政治の世界を知らない李登輝は不安の方が大きかった。ともあれ、政務委員として戦いの場に立てたことは幸運であると感じていた。それは周りにいる人達のおかげであり、何より自分を支えてくれる妻に感謝した。

1972年5月、初登庁の日、李登輝は自転車で行政院に向かった。行政院は中山北路と忠孝東路の交差点近くにあり、松江路の自宅からそれほど距離があるわけではなく歩くこともできたが、あえて自転車にしたのは、とにかく偉ぶったような行動はとりたくなかったからだった。

自転車を押して通用門を入ろうとした時、不審に思う警備員に呼びとめられた。冷や汗をかきながら事情を説明したが、驚いたのは警備員も同じで、まさか政務委員（閣僚）が自転車で来るとは想像もしていなかったようだった。政務委員には専用の送迎車がありそれを利用すべきだったが、少し前までは農復会の一職員だった李登輝は、公用車が利用をできることなどは思いもよらなかった。

閣僚になったからといって、偉そうに車などで登庁すれば何を言われるか分からない。妻のアドバイスを思い出しながら、謙虚であること、第一印象は特に気をつけなければならないと肝に銘じていた。これからは蔣経国と公私両面にわたってお付き合いしなければならない。何はともあれ、彼に気に入られることが大事だった。

徐慶鐘からのアドバイスを思い出していた。蔣経国は地位や名前などには頓着しないざっくばらんな性格であること。人使いについては、その人の本性を重視すること。最も恐れているのは、野心を持つ人間だという。逆に適任と思うのは、能力があってもおとなしそうにしている人間だった。そして、「蔣経国は外での批判には反発するが、党内での批判ならば受け入れる」ということだった。仕事を通じてのお付き合いとなれば、その性格はわきまえておくことは必要だった。

李登輝は農業担当の政務委員として仕事をはじめたが、この異例の出世に対して、党内から嫉妬に絡む悪いうわさが聞こえてきた。予期しないことではなかったが、気になったので妻に話した。妻は驚いた様子もなく、子供に言って聞かせるような調子でこたえた。

「妬む人は何処にでもいる」

「どうすればいいかな？」

「あなたの味方ですと言ってあげれば」

「誰に？」

「言葉より、忠誠心を見せる方がいいかしら」

李登輝が冗談交じりに「老総統を表敬訪問でもするかな」と言うと、妻は微笑んだ。

妻のアドバイスにしたがい、暇があれば、散歩がてら中山公園まで歩いた。そこには孫文生誕100年を記念して、つい最近建てられた「国父紀念館」があった。一般の見学者のような顔で孫文の座像に一礼して忠誠心をアピールした。もちろんパフォーマンスだったが、国民党の長老の攻撃をかわすにはなかなかいいアイデアだった。人は言葉よりも態度で人を判断する。見ている人は見ているし、たとえ誰もいなくても構わないと思った。

2　国際状況

さて、1970年代は台湾にとって辛い時期でもあった。1972年2月にニクソン大統領が、北京を訪問して外交関係を結んだため、中華民国は国連を脱退し、国際的な孤立がはじまった。アメリカの台湾離れは、さらに進み、台湾との共同防衛条約を破棄すると共に第七艦隊の台湾海峡への巡行を停止し、経済支援も削減するようになった。

しかし、見方を変えれば、この逆境が台湾を強くしたともいえるようで、ピンチはチャンスではないが、この頃から台湾の経済が目覚ましく発展するようになった。

行政院副院長の蔣経国の考え方に変化が起きたのは、この頃ではなかっただろうか。アメリカの援助などをあてにしていたら、大陸反攻どころか、自国の生存すら危うくなってしまうと考え、経済発展に力を入れ始めた。かってのように国際的な地位を取り戻し、国力をつけるためには経済の発展は不可欠であり、そのためには国民の自由な経済活動を認めなければならず、民主化は必然の流れと考え始めたようだった。

当時の李登輝には蔣経国が何を考えていたかは、想像もつかなかったが、振り返ってみれば、１９６０年代、すでに原爆をもった中国に対しての大陸反攻は不可能であることを悟り、台湾に根を張る「台湾の本土化」は必然と考えていた。台湾の未来を真剣に考え、進むべき方向の大きなビジョンを描き、そして台湾人が何を求めているかに気がつき始めていたようだった。

政治の世界を知らない李登輝は、初めて学校に通う子供と同じであり、まずは蔣経国を教師と考えて、彼を見習うことから始めた。そのためには、まず「敵」を知ること、そうすれば自ずから対処の仕方が解ってくると考えた。蔣経国を「敵」といったが、台湾は独立すべきであるという李登輝の信念からすれば、国民党は不要であり、乗り越えなければならない存在ではあった。しかし、それは秘めたる思いであり、学者馬鹿を演じ続けながら、まず国民党の中に溶け込むことに専念した。さらに重要なことは、蔣経国を手本として政治を学び人間関係を築いていくことであり、そのためには、なにより蔣経国に忠誠を尽くして信頼を得ることが肝要であると考えた。

3　素顔の蔣経国

行政院に行くようになり、これまで遠い存在であった蔣経国を近くで見ると、徐慶鐘からのアドバイスではないが、外面に無頓着で格好をつけることが嫌いな性格に親しみを覚えた。意識してそうしているのかどうかは分からなかったが、蔣経国は誰よりも早く登庁し、朝の挨拶も自分から積極的に声をかけ、外出する時もボディガードなどは連れて歩かなかった。暇さえあれば自分で車を運転して何処にでも行く姿は、およそ父親の蔣介石とはまったく違うタイプの人間に見えた。

蔣経国が行政院長になる前のことだが、アメリカの特派員が明かした政界ではよく知られたエピソードがある。それによれば、蔣経国は一人で運転して出歩くことが多く、自分を「運転手マレンコフ」と呼んでいたという。ある日、台北に戻るため、海岸線をドライブしていると、道路を歩いている数人の軍人を見つける。経国は、とっさに車を止めるとタクシーの運ちゃんのように「車に乗らないか」と声をかけた。すぐに交渉成立、彼らを車に乗せて台北まで運び、一人20元を徴収したという。誰もその運転手が蔣経国であるとは気がつかなかったという。

李登輝は、このエピソードを聞かされた時、多少の粉飾があるのかも知れないと考えた。言論の自由がない国だから、独裁者が自分をアピールするために、記事をねつ造して報道することも大ありで、政治家のパフォーマンスのようにも思えたからだった。

しかしながら、行政院で見かける素顔の蔣経国は、上下関係にはこだわらず職員には気軽に声をかけた。また時々李登輝の側に来て、近くにある椅子を無造作に引き寄せて腰かけ、笑顔で話しかける姿には、親しみを覚えずにはいられなかった。道路を歩く軍人を車に乗せたことも、蔣経国にとっては国を守る頼もしい青年であり、一言二言声をかけたくなったのかも知れない。庶民と身近で話したいというのは蔣経国の明るい性格の一面なのであろう。夜市にひょっこり現れて麺などを注文して、店主を驚かせるのは蔣経国の得意技だった。そう考えれば、あながち人気取りの政治家のパフォーマンスではないような気がした。

李登輝は、改めて蔣経国という個性について不思議に思うことがある。報道や噂で得た印象と実際自分の目で見た蔣経国にはギャップがあるように感じた。時おり見せる子供のような無頓着さは、一見愚か者のように見えたが、公の場でみせる巧みな演説に触れた時、その無頓着そのものが彼の魅力であることに気がついた。蔣経国について政治を学びながら、その個性を知るにつれて畏敬の念が湧いてきたことも事実だった。

4 台湾の農業

李登輝は、何故自分が政務委員に選ばれたのかを考えてみた。もちろん選んだのは蔣経国だったが、恐らく彼は李登輝を野心のない学者とみており、つまらない権力闘争などは起こさず、純粋に台湾の農業を見てくれると考えたのだろう。しかし、それだけではなかったはずだとも考えた。その背景には、大陸反攻の断念、台湾の本土化、さらにアメリカからの民主化の要求など、差し迫った状況があったからだろう。

その流れでいけば、本省人の若手政治家の採用は必然的なことであり、それならば準備は早いほどいいはずだった。「催台青」という政策があり、台湾出身の若い優秀な人材を抜擢することだが、その流れに乗ることができた李登輝は幸運だったともいえる。いずれ台湾人の時代がくる。大陸から来た外省人は消え去り、台湾生まれの人々の世界になることは明白だからだ。

さて、農業担当の政務委員として、まずは遅れた台湾の農業を発展させることが大きな課題だった。李登輝はまず農村の実態を知るために、各地に足を運んだ。現状を知るとそのあまりにも前近代的な政府の政策に驚きながら、かねてから考えていたことを早急に実行する必要性を実感した。

まずは手始めとして、米と肥料の交換制度を廃止した。この問題は決して新しい問題ではなく、以前から指摘されていたことだった。考えてみれば、こんなばかばかしい制度はなかった。農民は米を作るために必要な肥料を自ら作った米と交換しなければならない。交換比率は政府の言いなりで、ほとんど搾取に等しい制度だった。

何故そんな制度があったかといえば、政府の財政事情が関係していた。経済発展が遅れた台湾では、軍事的な脅威に対抗するためにお金が必要であり、それを確保するために国営で作っていた肥料により農民から搾取しなければならない状態だった。さらに、農業問題に対する考え方を根本的に見直した。第一に国の基本である農業を改善すること。農業の発展なくして工業の発展もあり得ないことを内外に強調した。

①農業を単独の問題と考えないこと
②農地を投機の対象としないこと

農地の売買を禁止することにより、住宅地などへの安易な転用を防ぎ、生産性を高めながら農民の生活を向上させた。すぐにその成果は表れてコメの生産量は増加、就任2年目で150％になった。

5　国民党の長老議員

行政院では、李登輝はなるべく目立たないように振る舞った。自己主張はせず、むしろ大陸からきた国民党の長老議員に敬意を表して、彼らの意見を尊重するようにした。長老議員たちの多くは高齢であり、台湾の将来についての展望など持ちあわせておらず、もっぱら改選されることない万年議員としての身分を守ることしか考えていなかった。しかし、国民党政権にとっては必要な存在であり、彼らの反感をかっては政府内で仕事はできない制度になっていた。

会議においては、蔣経国に発言を求められない限り、李登輝はほとんど発言をしないようにした。元老格の人間にはかしこまってへり下り、たとえその意見が支離滅裂であったにしてもその意見を尊重して相手を立てるようにした。背後に有力者をもっている人や党の理論家、さらに蔣一族の信任が厚い浙江省出身の長老に対しては意識的に礼を厚くした。

笑いばなしではないが、大きな体を目立たせないようにして平身低頭、議事録にサインする時でも、最後の方に小さくしたので、閣僚たちに好評で、控えめな李登輝として、蔣経国にも報告されていたようだった。もちろん、それは本心を覚られないための演技ではあったが。

とはいっても蔣経国の信頼を勝ち取ることはそう簡単ではなかった。行政府の中には台湾生まれの優秀なライバルもいる。台湾生まれで李登輝よりも若い林洋港などは行政院副院長の経験者だった。彼らよりも蔣経国の信頼を得るには彼らと同じことをしていても駄目であり、そのためには経国と同じような思考方法をとることが理想ではないかと考えた。蔣経国が考えていることを先んじて表明すれば、彼の目にとまるに違いない。

行政院では解決しなければならない問題が提出されるが、李登輝はその議題について予め自分なりの結論を出しておき、実際の会議で蔣経国が出した結論とどう違っていたかを検討しながら、蔣経国の政治を学んだ。発言する場合も蔣経国ならば、どう表現するかを念頭において考えた。その成果が出たのかどうかは明確ではないが、行政委員になってから6年後、李登輝は台北市長に抜擢された。農業担当の政務委員として蔣経国のもとで仕事をしていたが、やっとそのお眼鏡にかなったともいえた。

6　蔣介石死去

1975年4月5日老総統の死去に際して、特別な感情は湧いてこなかったが、台湾にとって彼はどのような存在であったかを改めて考えた。1945年日本の敗戦により日本時代は終わり、台湾は中華民国の一部になった。しかし、解放された喜びもつかの間、大陸での戦いに敗れた国民党の流入により、台湾は混乱した。

しかし、台湾の歴史を冷静に眺めてみると、もし蔣介石が台湾に来なかったならば、と考えてみるとどうだろう。台湾は間違いなく共産中国が支配する地域になっていたはずである。そうならなかったのは、老総統が徹底して反共主義を貫いたからだった。白色テロがあり、罪もない多くの知識人が殺された悲惨なこともあった。しかし、思い返せば悲しい時期ではあるが、二二八事件に代表される過去も、台湾が現在の台湾であるための必然的な流れでもあった。

さらにそこにはいくつかの偶然と幸運もあった。もし老総統が逃亡した先が海南島であれば、そこが台湾のようになっていただろうし、もしチベット地区に逃げたのであれば、チベット地区が台湾のような存在になっていただろう。大陸に隣接している台湾は、避難先としては理想的であったのだろうが、それでも台湾にとっては幸運であったというしかない。

当時、台湾を解放して初めて国家の統一が実現されると考えた毛沢東は、台湾侵攻を計画していたが、おりしも発生した朝鮮戦争により、一時台湾を見放していたアメリカが台湾を守るという方針に変わったことも台湾が存在しえた大きな理由でもあった。

つまるところ蔣介石が逃亡先を台湾に決めたことは、現在の台湾という国の存在にとっては不可欠の条件だったといえる。もちろん繰り返しになるが、二二八事件という悲惨な出来事があったが、それでも共産化した台湾より遥かに幸せであろう。台湾の歴史を考える上で、蔣介石はなくてはならない存在であったと確信している。

7　台北市長

1978年6月、李登輝は台北市長に当選した。やはり、これも幸運ということなのだろう。選挙といっても名ばかりで、蔣経国の意向で人事は決定されており、国民党の公認であれば当選は確実だった。しかし、この人事はやはり蔣経国の信頼を勝ち得た結果と考えていいのだろう。とはいっても、李登輝にとっては予定外のことで、嬉しさと同時に身が引き締まる思いだった。「出る杭は打たれる」の譬えがあるように急な昇進は嫉妬を浴びるものであり、不測の事態が起きないようにつとめて謙虚に行動した。

市長としての実績は可もなく不可もなく、党や軍の要人には「李登輝は謙虚だ」とのことで評判が良いようだったが、その評判は蔣経国にも伝わっていたかもしれない。蔣経国が李登輝に対して抱いただろうと思われるイメージ、つまり権力には執着心のない学者であることを演じ続け、大きな体を小さくして蔣経国に対しては並外れた忠誠心を示した。その効果があったのだろうが、振り返ってみれば、この人事は次のステップに行くための序章のようでもあった。

台北市長になり1年ほど経った時、妻が言った。

「市民にも娯楽が必要ね。音楽祭でも開いて、街を明るくしたら」

趣味の少ない李登輝にとって、音楽で市民にゆとりを与えることは素晴らしいアイデアだと思った。妻の提案で、1979年に台北市主催の音楽祭が初めて開かれた。当初は音楽祭だけだったが、やがてもの足りなく感じたので、翌年はバレエや舞踊などを取り入れた華やかな音楽祭になり、名前も「芸術祭」に変更された。

市民の喜ぶ姿を見ながら、李登輝はふと若い頃に読んだ悲劇『ファウスト』を思い出した。秘めたる思いをもちながら、学者馬鹿を演じていることへの反発だろうか。それともやがて自分の時代が来るとでも思ったのだろうか。ゲーテ作の悲劇『ファウスト』のオペラを台湾市民に見せてやりたくなった。市民は異国の悲劇であるオペラを見てどう思うだろうか。たかがオペラではあったが、李登輝にとっては気になる「テーマ」だった。

それならと思い、李登輝はそのシナリオを自分で書こうと考え、日本語版を中国語に翻訳した。細かい表現はやはり自分の言葉で表現したいと考えたからだった。翻訳しながら、こんな西洋の昔話を台湾市民は理解できるだろうかとも思った。しかし、乗りかかった船だ、行くところまで行くしかない。

1980年、オペラ『ファウスト』が「芸術祭」で初めて公演された。李登輝はこのオペラを台湾市民は理解できるのかと不安に感じていたが、意に反して、オペラは好評を得て、さらに翌年には再上演される予想外の人気を得たのをみて、我々の社会には愛と希望が満ち溢れている証拠だと喜んだという。悪事をはたらいても、心を入れ替えて努力すれば、必ず報われるというキリスト教の教えを市民と共有できたことに安らぎを覚えた。

そのような市民活動が評価されたのだろうか、１９８１年、李登輝は国民党中央常務委員に就任した。紛れもなく国民党の幹部に名を連ねた時だった。おそらく蔣経国の信頼を勝ち得たような実感があった。

１９８４年、蔣経国は李登輝を副総統に任命した。大方の予想に反したこの決定は国民党内で驚きの目でみられた。体調不良の蔣経国が亡くなれば、副総統が自動的に総統になるからだった。台湾生まれの本省人が総統になる！　国民党員にとっては予想外のことであったが、台湾人にとっては嬉しい人事だった。李登輝の秘めたる思いが、少しずつ実現し始めていた。

李登輝の国づくりの総仕上げについては、「李登輝とファウスト」で書いたとおりである。２０００年の総統選において、民進党の陳水扁が当選した時、繰り返しになるが、「中国五千年の歴史の中で初めての政権の平和的交代は、私の一生の念願だった」として、その時の心境を熱く語っている。

バナナさんへ

1 平和条約

ある台湾関係のネットの書き込みで、現在問題になっている中台関係について、私は安易に「戦後日本が台湾を中国に返還した時」と書き込みをしたことがあった。するとその書き込みに対してバナナさんが反論。なるほどと思うところがあり、私はすぐ当時の状況を調べて再認識したことがあった。以下はそのやり取りである。

「日本は台湾を中華民国に引き渡してはいません」というご指摘、ありがとうございます。日本は、敗戦により、台湾を清国の後継である中華民国に引き渡したと書いてしまいましたが、これは正確ではなく、バナナさんがご指摘のように、「放棄した」というのが正しいのでしょう。改めて、サンフランシスコ平和条約を読んでみました。ネットで検索すれば簡単にみられます。それによると、次のようです。

1951年9月8日　署名
1952年4月28日　発効　第二次大戦における　連合国と日本の間の平和条約
　第一条　戦争の終結　日本国民の主権回復
　　領土の放棄または信託統治への移管
第二条　A　朝鮮独立の承認
　　済州島を含むすべての土地の権利・権原の放棄
　B　台湾（フォルモサ）・澎湖諸島（ペスカドレ）の権利・権原及び請
　　求権の放棄

2　中華民国と台湾

バナナさんは、台湾問題についてはかなりの見識をおもちの方のようで、中華民国による台湾領有に疑問をもっているようにも感じました。日本が単に放棄しただけなら、中華民国、つまり国民党による台湾領有は違法ということなのでしょうか。

ただ、日本と中国の歴史的な関係を眺めてみると、一概にそうとばかりは言えない歴史的な流れがあるようにも思います。日清戦争で日本は台湾や澎湖諸島を割譲させて領有します。その後中国では辛亥革命により清は滅んで中華民国が成立します。軍国主義になった日本は中国大陸に侵攻して蒋介石と戦います。しかし結局はアメリカを巻き込んだ戦いで敗れ台湾を放棄します。しかし歴史的な流れからいえば、清の跡を継いだのは中華民国なので、放棄された台湾を中華民国が領有したことは自然な流れであったと考えられます。ただバナナさんの言うように、台湾には300年も住んでいる台湾人がいるのだから、台湾人が自分の国として独立したいという考えも十分ありうることだと思います。しかし、もしその時台湾が独立していたら、さらに蒋介石の国民党が台湾に来なかったら、どうなっていたかを考えるのは、たいへん興味深い問題です。

3　台湾アイデンティティ

バナナさんのご指摘をうけて、バナナさんはどういう人なのかと考えています。台湾問題を専門に研究している方のようであり、想像をたくましくすれば、日本にいる台湾人なのかも知れないなどと考えたりもします。あれこれ想像しながら、台湾人の心について改めて考えました。

台湾は、主に中国大陸から移住してきた人達がつくった国ですが、おおよそ300年以上も前から中国大陸から分離して発展しており、中国人とは違うという意味で明確な「民族意識」が芽生えていることは事実です。これこそ台湾アイデンティティということなのでしょう。

若林正丈著『蔣経国と李登輝（現代アジアの肖像5）』（228頁）には、この台湾人の民族意識についてわかりやすく説明されているので引用してみます。若林氏は、まず、この「民族意識」が典型的な台湾人の観点であるといいます。

「この民族意識は、戒厳令解除の遥か以前から、台湾意識か中国意識かという議論がなされる以前から、台湾生まれで台湾育ちの知識人と話をすれば、すぐわかったことだ。」「ただし、その意識はメディアの主流に載ることのないマイナーな言説として扱われ、時には危険視された。しかし、李登輝総統は、台湾人なら誰でもが普通にもつこの意識を、おおっぴらに述べることにより、体制のメジャーな言説の中に一気に組み入れてしまった。」と書いています。

台湾生まれの李登輝の偉いところではないでしょうか。しかし、この民族意識を歴史的にどうの、メディアがどうのと難しく考える必要はないように思います。私の台湾出身の妻は、マスコミなどで台湾が中国と一緒くたに表現されることに大いに反発します。「中国と一緒にしないでよ！」が口癖です。日本への入国審査などでの曖昧な取り扱いをされること自体に違和感を覚えるようです。台湾人であること、それが日常的にも、高度に政治的な意味でも、「台湾人の本音」なのです。

バナナさんが、このようなことまで考えているかどうかわかりませんが、バナナさんのご指摘を受けて、なんとなく上に述べたようなことを考えてしまいました。

サイエンスパーク

1　半導体の父

ある事業について傑出した業績を残した人を称えて「父」と呼ぶことがある。台湾と中国の半導体に関していえば、二人の父がいる。一人は「台湾半導体の父」と呼ばれる張忠謀であり、もう一人は「中国半導体の父」と呼ばれる張汝京である。二人とも中華民国時代の中国に生まれ、戦後はアメリカに留学、卒業後はアメリカの半導体企業に携わってきた。二人の年齢差は17歳、テキサス・インスツルメンツ（ＴＩ）で働いていた当時は上司と部下の関係でもあった。

この二人のライバルとしての闘いは１９９０年代、アメリカから台湾に移った頃から始まる。まず張忠謀は、１９８５年台湾政府からの声がかかると、テキサス・インスツルメンツを退職して台湾に移住、１９８７年「ＴＳＭＣ」を設立する。台湾のＩＴ産業の夜明けといえるかも知れない。それから少し遅れてＴＩを退職した張汝京も同じように台湾に移住、1997年に「世大積体電路」を設立する。

半導体産業の急激な発展と共に、やがて二人は台湾と中国に分かれ、それぞれの国で半導体という先端技術の発展に携わることになる。同じ民族の二人が、何故台湾と中国に分かれてしまったのかを考えることは、現代の台湾と中国の関係にもつながってくる。

2 張忠謀（Morris Chang）

台湾の半導体企業「TSMC」の創業者である張忠謀（モリス・チャン）の経歴は波乱に富んでいる。ネットで検索すると、張忠謀は1931年中華民国時代の浙江省の寧波で生まれた。若い頃は小説家かジャーナリストを目指していたというが、銀行の頭取だった父親の説得で諦めたという。国共内戦時代の1948年、香港に移住。翌年、内戦に敗れた国民党関係者は台湾に移ったが、張忠謀は台湾には行かず、一念発起してアメリカに留学した。

新天地のアメリカではハーバード大学に入学。さらに2年後マサチューセッツ工科大学に編入。理由は、当時アメリカ在住の中国人は、中華料理のコックか教師になるくらいしか道がなかったので、当時注目され始めていたIT関係企業を目指したという。1952

年機械工学の修士号取得後、シルバニア・エレクトリック・プロダクツの半導体部門に就職。3年後、急成長の企業テキサス・インスツルメンツに転職、仕事をしながら1964年にはスタンフォード大学で電気工学の博士号を取得している。テキサス・インスツルメンツでの25年のキャリアで、半導体部門の副社長に昇進。寝ても覚めてもチップの改良に取り組み、技術を養っていたという。後にライバルとなる中国の半導体企業「SMIC」の創始者である張汝京は、一時期張忠謀の部下だった。

張忠謀に転機が訪れたのは、1985年、台湾政府の孫運璿《そんうんせん》に招聘されて、工業技術研究院の院長に就任したことだった。孫運璿は国民党の高級官僚、蔣経国時代には行政院長になったこともある。この頃の台湾は蔣経国による十大建設計画による重化学工業などは発展していたが、さらなる経済発展を目指して、次世代を担う半導体などの先端技術の開発を計画していた。

孫から声をかけられた時、張忠謀は願ってもないことだと喜んだという。張は自前の半導体の工場を創りたくて仕方がなかったが、その夢は果たせていなかった。喜び勇んで台湾に移住したが、ここから台湾のIT産業の発展が始まっている。1987年TSMCを設立。TSMC（台湾積体電路製造股份有限公司）はファウンドリで半導体の製造専門の企業として発足しており、張忠謀は「台湾半導体の父」と呼ばれるようになった。台湾において、TSMCは通称「台積電《タイチーデン》」で通っている。

ちなみに、ファウンドリやファブレス企業について調べてみると、ファウンドリとは半導体の製造専門の企業であり、ファブレス企業とはチップ（半導体）の設計が専門の企業をいう、とある。当時は、半導体製造には設備投資の負担が大きくあまり注目されなかったが、TSMCの創業者の張忠謀はそこに目を付けて工場を設立。半導体の設計を専門にするファブレス企業からの注文にこたえる形で業績を伸ばした。30年後、世界で最も収益性の高い半導体のメーカーの一つになっている。

張忠謀が設立したTSMCは、新竹科学園区と呼ばれる「サイエンスパーク」にある。台湾に先端技術を根付かせることを目的として1980年に政府主導で創設された。台湾のシリコンバレーともいい、東京ドーム140個分という（653ha）の広大な敷地に半導体関連企業、研究施設それに国立の理工系大学（清華大学、交通大学）もある。台湾を世界にアピールする原動力になっているが、私は何となく茨城県にあるつくば学園都市に似ているなと思った。

3　張汝京（Richard Chang）

張忠謀のことを調べていると、ある人物の名前が見え隠れしてくる。同じく半導体に関わっていた張汝京という人物である。名前は同じ張だが特に血縁関係はない。前にも書いたが、テキサス・インスツルメンツで働いていた時、張忠謀の部下であったこともある。同郷であり同業の二人の後半生はライバルのような関係になる。それはともあれ、張汝京のことを調べていて驚いたのは、彼は「中国半導体の父」と呼ばれていることだった。張忠謀と張汝京、同じ台湾系のアメリカ人が、台湾と中国に分かれて、それぞれ「半導体の父」と呼ばれていることは興味深かった。

張汝京の経歴は1948年中華民国当時の南京市生まれ、戦後は国民党の一員として台湾に移住、1970年までは台湾で生活している。戒厳令下の住みにくい時代ではあったが、国民党員の息子であった彼はそれほどの苦労はしていないだろう。国立台湾大学を卒業後、1970年アメリカ留学する。ニューヨーク州立大学工学部を卒業後、南メソジスト大学で工学博士号を取得、1977年テキサス・インスツルメンツに就職する。この時期、張忠謀の部下として働いていた。二人とも国民党時代の中国で生まれており、その二人が同じ企業の上司と部下であれば、いろいろな話をしたに違いない。しかしながら、やがてその二人は別れ別れになり、台湾と中国で半導体の基礎をつくりライバルとして争うようになった。

テキサス・インスツルメンツ時代、張汝京の主な仕事はＴＩの工場をつくることだった。半導体の技術経験を基にして、アメリカ、日本、シンガポールなど世界各地に20もの半導体の工場を立ち上げている。工場建設をしながら、この時期彼は会社の仕事以外のこともしていたようだ。ネット情報ではあるが、出身地である中国に行った時、小学校を建てるなどの慈善活動を行ったことが紹介されている。１９９５年頃のことだから、まだＴＩに在職中のことだ。

それによれば、張汝京は父親の影響で中国大陸の教育の改善に力を入れたという。その頃の中国は改革開放の時期でもあり、張汝京の父親は中国に渡り何かのビジネスをしていたようである。父親は、戦後久し振りに帰った故郷を見てその貧しさに驚いたと思われる。思想の違いで国は分かれているが、もとは同じ民族である。そんなことを考えれば、中国の悲惨な現状に同情したとも考えられる。

父親は慈善活動として子供たちの教育の現状を改善しようとする。おそらく張汝京も父の手助けをするかたちで、その活動に携わったようである。クリスチャンとしての活動なのであろうか、子供達の教育のために貴州省・雲南省・四川省など、20カ所に小学校を建てたという。慈善活動と紹介されているので建設資金は自分で出したのであろう。クリスチャンの父と子とすれば当然のことをしただけのようだが、その慈善活動が中国政府の役人の目にとまり、後のことであるが、張汝京を事業家として中国に呼ぶ契機になっている。

世界を飛び回っているうちに、張汝京にも転機が訪れる。張忠謀が台湾に移り自前の半導体工場を創設したのを見て、張汝京はやる気を起こしたようだ。20年務めたテキサス・インスツルメンツを退職、1997年汝京は台湾に帰国、翌年ファウンドリとして「世大積体電路有限公司」を設立する。

4　ライバルの二人

台湾に渡ってからの張忠謀と張汝京、この頃から二人は経営者として同業のライバルになった。張忠謀は1987年に「TSMC」を創業したことは前に述べたが、それから遅れること10年、張汝京も台湾に「世大積体電路」という半導体の工場を立ち上げている。一時期発展するが2000年頃には業績が悪化して、TSMCに買収され、悲しいかな、張汝京はTSMCの工場長クラスに格下げされる。トップから転落した張汝京は、嫌気がさして退職する。張汝京は意気消沈したと言いたいところだが、現実には負けじ魂に火が付いたようで、その後の巻き返しがすさまじい。

張汝京は国や国籍を超えた境地で新しい半導体工場をつくり始める。退職したその年（2000年）に彼は部下数百人を連れて上海に渡る。上海政府が張汝京に声をかけたのだが、以前父と共に慈善事業として中国各地に小学校を建てたことが要因だったことは間違いない。張汝京は「渡りに船」の気持ちで上海に行ったのだろう。上海政府の資金を活用して、2000年にSMIC（中芯国際集成電路製造有限公司）を設立している。資本は上海市政府が負担し、企業の運営は張汝京が担当するという、当時の中国としては異例の形式だった。

この頃の中国の悩みは自前の半導体工場が無いことだった。そこに張汝京が工場を新設したのだから、SMICは中国にとって大きな存在になった。半導体の基礎をつくった張汝京は、繰り返しになるが、「中国半導体の父」と呼ばれて感謝されている。SMICは順調に発展し、2003年には世界第4位のファウンドリに成長する。

一方台湾からは「叛将（裏切者）」と呼ばれている。台湾海峡を挟んで中国と台湾は睨みあっているが、平和を願う台湾人からすれば、張汝京は敵に塩を送るとんでもない国民党員ということになるからだろう。

その後の経過だが、またしてもライバルの張忠謀が立ちふさがり、2003年TSMC

から訴訟を受ける。原因は特許侵害やTSMCから違法な人材獲得をしたことだった。長期にわたった訴訟は2009年に終結、敗訴した張汝京は「SMIC」のCEOを辞任して幕が下りた。

5 サイエンスパーク

はなしは前後するが、張忠謀と張汝京、二人のライバルの戦いが始まったのは新竹科学園区、通称サイエンスパークといわれる工業地区だった。当初、その新鮮な響きに興味を覚え、旅行ガイド『地球の歩き方』台湾編を見たが載っていない。しかし、調べていくうちに半導体などを製造するIT関連企業が集まっている新竹市の街であることが分かってきた。一体どのような場所なのか気になり、百聞は一見にしかず、2023年秋、現地に行ってみた。

場所は新竹駅から東方へ10㎞ほど行ったところにある。広大な敷地の中を乗り合いバスが走る一方、自転車で通勤する人もあり、何となく開放的で知的な街という感じである。近年は日本の工業高校の修学旅行で人気があり、最先端施設を見るために多くの生徒が訪れているという。敷地内には緑が多く、研究施設の白壁と調和して心なごむ風景になっている。さらに郊外は自然環境に恵まれ、仕事を離れて気分をリラックスさせるアウトドア活動などを楽しむことができる。職と住が一体化しており、働く環境としてはもちろん、住む環境としても台湾の市街地からは想像できないほど恵まれている。

サイエンスパークの特徴は、敷地内に工場があり、最先端の研究成果をすぐに試作できることだ。日本のつくば学園都市とよく比較されるようだが、企業と工場の連結という点で優っているという。台湾のテクノロジーやイノベーション（技術革新）の中心地であり、ITだけでなく、バイオテクノロジー、光電子などの分野でも最先端の企業や研究機関が揃っている。また、スタートアップ企業にとっては資金調達などのバックアップ体制があり、やる気のある起業家にとって理想的な環境が整っているという。

2024年春サイエンスパークを再訪。TSMCのホームページによれば、ネット予約で工場見学が可能ということなのでさっそく予約。近くのホテルに宿泊して、翌朝、今度は直接TSMCの本社を訪問した。敷地の一角に「台積創新館」という見学施設があり、その横には「張忠謀大楼」という大きな本社ビルが建っている。

台積創新館の見学者は20人ほどで、女性のスタッフがTSMCの歴史などを展示した部屋を歩きながら説明する。展示資料の大半は、張忠謀の履歴であり、展示ルートの最後には、再婚した奥さん張淑芬との仲睦まじい記念写真が飾られていた。トップの実績はよく理解できたが、実際に稼働している工場内部の見学は、残念ながらできなかった。

春3月、台積創新館の建物の周りには赤や白のつつじの花が咲きそろい、きれいに区画された広い道路や歩く人に配慮した幅広い並木道が印象的だった。政府主導で造られた街だけにその景観は素晴らしい。

6 張忠謀の再婚

さて、張忠謀が台湾に招聘されたのは、1985年54歳の時だった。住み慣れたアメリカを離れて台湾に行くのは人生の大きな転機であったかも知れない。家族のことも気になったが、しかし逆にいえば、自分の夢を実現できるチャンスでもあった。

張忠謀は台湾に招聘されたとき、家族はアメリカに残して単独で台湾に渡っている。30年もアメリカに住みアメリカ国籍の彼は、台湾という新天地には魅力を感じたが、自前の工場が成功するかどうかは未知数のため、わざわざ家族を同行する気にはなれなかったのかも知れない。家族といえば、忠謀の最初の結婚は、1952年、21歳というから学生の時だ。上海出身の留学生クリスティン・陳と結婚している。彼女は1931年生まれだから、張忠謀と同年齢のようだ。クリスティンは戦後もそのまま上海にいたようであるから中共支配下の中国人の可能性が強いが、ネットで調べてみても詳しい情報は見つからない。夫の張忠謀が台湾に移った時、同行しなかったのは台湾に特別な興味がなかったからではないだろうか。当時50代の夫婦には二人の娘がおり、妻がその面倒を見るためにアメリカに残ったとしても不思議はない。

その後、張忠謀夫妻は別々の道を歩み始めた。資料によれば、最初の結婚生活は、1952年から1990年までであった。台湾に渡って5年後に妻のクリスティンと正式に離婚している。何故、離れて暮らしている妻と離婚したのか気になるが、男女関係の難しいところでもある。想像するに、張忠謀が台湾に渡ってからは実質的な夫婦関係は消えていたとみるのが妥当であろう。それもそのはず、張忠謀の新天地である台湾には、張淑芬（ソフィー・チャン、1944年生まれ）という美人の秘書がいた。彼は美人のソフィーと愛を育み10年後の2001年、70歳の時、当時57歳の彼女と再婚している。もちろん、既婚の張淑芬も夫の呉丁凱と1989年に離婚している。二人の離婚は張忠謀が張淑芬との新生活を始めるための予定の行動であったとみることもできる。

私は、TSMCの台積創新館を見学した時、張忠謀を称える業績を見て回りながら、何処かに前の奥さんのことが書かれていないかと期待していたが、その情報は全く無いことに少し残念な思いがした。人生は、過去よりも今が大事ということであろう。

ついでのことだが、張忠謀の再婚にこだわったのは、この再婚により台湾のビジネス界に面白い関係が生まれたからでもある。台湾の新聞にも報道されて話題になったこともあるが、台湾一の富豪、鴻海プラスチック工業のトップ郭台銘は張淑芬の表弟（歳下のいとこ、二人の母親は姉妹とのこと）になるという。日本流にいえば、従弟ということになる。とすれば張忠謀と郭台銘は縁戚になるのだろうが、「台湾一の富豪」の郭台銘と「台湾半導体の父」である張忠謀の関係は、台湾のビジネス界にどのような影響を及ぼすのかが気になるところである。

7　張忠謀の人生哲学

張忠謀は台湾に半導体工場をつくることにより台湾経済を大いに発展させた。彼は台湾に先端技術を根付かせたことに大きな意味を感じていただろうが、それはあくまで「アメリカ人」としての仕事であり「台湾人」としてのやる気ではなかったようだ。彼の経歴は、中華民国時代の浙江省の寧波で生まれたことは前に書いた。１９４９年にアメリカに留学しているから台湾に住んだことはない。その意味で彼は外省人という枠にも入っていない。台湾の発展に寄与することであれば本省人でも外省人でも、そしてアメリカ人でも関係ないが、張忠謀は台湾の未来についてはどう思っているのか気になるところだが、彼は話さない。

張忠謀の人生哲学はどうだろう。人生の最大の挫折は、マサチューセッツ工科大学において、博士号取得に二度失敗したことだという。そこから多くのことを学んだのだろう。子供に向かっては、大きな希望をもって努力すれば、明るい未来が開ける、とよく言ったという。また、「私はよく働く、だから存在している」といい、仕事は人生そのもの、仕事がなければ人生は無意味。企業成功の秘訣は、誠実、コミットメント、イノベーション、をあげている。コミットメントは言ったことは責任をもって実行すること、イノベーションは、ものごとの新しいとらえ方・社会的な意義を見出して創造することだという。これに関しては、「ファウンドリ」がある。当時誰もが手を付けなかった半導体の製造のみを行うという考え方に注目して実行したこと。彼は見事にそれをやり遂げている。そして成功の秘訣はいたって簡単、企業は悪を行わないことであり、それこそ「永遠の哲学」であると強調する。

私なりの感想ではあるが、張忠謀の人生哲学、人柄は素晴らしいが、どこか日本流の成功した経営者のようなイメージを受けてしまう。実際彼は1968年にTIの工場設立のために来日して、ソニーの盛田昭夫と面談しており、大きな影響を受けたという。先輩の経営者から学んだことが、台湾での起業に役立ったようで何とも羨ましい人生には違いない。

最後に、気になるのは、台湾に住んでいる張忠謀は、自分のアイデンティティをどう考えているのだろうか。18歳でアメリカに渡り、民主主義の中で40年間過ごした彼は、自分はアメリカ人だと思っており、どのような社会が理想なのかを身をもって感じているに違いない。

とすれば、中国生まれの人間ではあるが、国や思想を超えたところに彼の理想はあり、独立志向の台湾人とは一歩距離を置いているのだろうか。経営者として大切なことは、企業の発展であり、台湾という存在についてはあえて発言を控えているのかもしれない。気になるのは、現在の緊張した国際状況の中で台湾はどうあるべきなかの発言がないことだが、あえて何も言わないことに徹しているのかも知れない。

8　張汝京の理想

もう一人の経営者、張汝京についてである。2000年、中国に渡った頃の張汝京の気持ちはどうだろう。国民党出身の彼が、対立する中共を利する行為は、台湾からすれば

「裏切り行為」だった。実際彼は「叛将（裏切者）」と呼ばれた。しかし、彼の置かれていた境遇や当時の国際状況からすれば、一概にそうと断言できるようなことではない。

台湾で立ち上げた半導体の工場は買収されてしまい、このまま引き下がれない。台湾でダメなら、中国に行けばよいと考えたのだろう。それは男同士の、いや起業家同士の戦いであり、思想、領土、民族意識などは二の次だろう。いいかえれば、理想よりも現実が大事であり、仕事で負けた分は仕事で取り戻し、ライバルを見返してやりたい気持ちだったのではないか。人間の行動の大きな動機は、「100年後の理想よりも明日の生活」なのだ、と言ったら言い過ぎだろうか。しかし、彼の場合はそれだけではなかった。

ネット上で紹介されている彼の人物像としては、張汝京は中国の半導体事業を成功させるという使命感を持っていたと説明されている。どのような使命感なのか気になるところである。彼をやる気にさせた理由としては、TSMCへの反発心もあれば、自分の事業を成功させたい思いもあろう。さらに、苦しい時に自分を救ってくれた上海政府に対する恩返しの意味もあるだろう。しかし、彼の理想は中国での行動を見る限り単なる事業家としてではなく、もっと大きな人間愛を持っていたような気がする。

ネット検索で見る張汝京の人物像は、「叛将」どころか逆に思いやりのある優しい人間に見えてくる。クリスチャンの彼は、休日には決まって教会に行くという。企業のトップであリながら、彼のモットーは、身をもって模範者になることだという。単なる経営者の生き方ではない。上海の工場では、毎朝1300ccの小型車を自分で運転して出社するという。生活は質素で、出張の飛行機はエコノミークラス、宿泊費節約のため日帰りするという。さらに、工場においては規律を重んじ、怒りを表すこともあるが、反面思いやりがあり、寛大で過ちを許し冷遇はしないという。

2000年上海にSMICの工場を設立した頃であるが、工場周辺の環境にも配慮して、「SMIC公園」をつくり、緑化を推進したという。同地区には900人ほどの従業員家族が暮らしていたが、家族同伴の生活を推進した。従業員には永く勤めてもらえるように、家族とのつながりを大事にしている。また、子女の教育にも力を入れ、公園内には、幼稚園、小中学校があり、住みやすい住環境をつくっている。もうここまでくれば、単なる企業のトップの生き方ではない。

当時のネット情報であり、現地を見てはいないので断言はできないが、これを読む限り、彼が創った「SMIC公園」は「上海のサイエンスパーク」とでも言いたくなる。張汝京は台湾で過ごした少年時代を思い出し、生まれ故郷の中国の子供達にも同じような快適な空間を与えようとしたのだろう。台湾と中国、両岸に分かれていても同じ中国人であれば区別する理由はない。国民党や共産党の枠を超えて、同じ中国人としての意識なのだろう。

キリスト教の愛をもってすれば、国籍や思想そして住んでいるところが何処であっても区別する理由はない。そんな張汝京の行動を見ていると、「叛将」のイメージが湧いてこない。彼は50年後か100年後の理想の世界を夢見ながら、クリスチャンとして愛を実践していたのだろう。

9　台湾アイデンティティ

半導体と共に生きてきた二人の人生を比べてみるのも興味深い。二人は国民党下の中国で生まれており、台湾とのつながりは大きいが、台湾人としての意識（台湾アイデンティティ）にはこだわらない。繰り返しになるが、上海生まれの張忠謀は54歳の時、台湾に招聘されるまで台湾に住んだことはない。また南京で生まれた張汝京は、国民党と共に台湾に移住し大学を卒業するまで台湾で生活していたが、その後はアメリカに移り人生のほとんどをそこで過ごしている。そこで得たものは自由と経済的な豊かさであり、あえてアイデンティティを問われれば、台湾系のアメリカ人であり、台湾人ということはないだろう。アメリカから台湾に戻って起業した張忠謀と張汝京、この二人の頭の中には台湾も中国もなく、あるのは企業の発展に全力で取り組む経営トップとしての生き方であり、更に想像すれば、二つの国が民主主義のもとに統一された理想の未来を漠然と思い描いているのかもしれない。

10　理想の社会

半導体は今後ますます重要な産業になってくるであろう。これまでチップの生産で世界をリードしてきた台湾、そしてそれを追いかけるように技術革新を続ける中国のライバル争いは続くだろう。とはいえ、ＡＩなどに利用される半導体の発展が、人類の未来にはかり知れない有益な技術をもたらすであろうが、一方争いの種になり、人類の悲劇に繋がらなければいいという思いもある。

さて、台湾の半導体をリードしてきた張忠謀だが、その言動を眺めてみると、繰り返しになるが台湾アイデンティティ、つまり「台湾人意識」はないようにみえる。理由は、おそらく彼が眺めているのは現在の台湾ではなく、争いのなくなった将来の両岸なのだろう。元をただせば、中国も台湾も一つの民族であり、争う理由がない。中国が民主化されれば、国籍や言葉を超えて互いを認めるようになり、台湾を独立した国と認めることは難しいことではない。張忠謀は、あえて「アイデンティティ」を問われたら、「私は中国人」とこたえるかも知れない。平和な世になり、国際交流が自由になれば、彼は生まれ故郷の浙江省の港町、寧波を訪ねて、故郷の海を眺めたいと思っているかもしれない。

一方、中国の半導体をリードしてきた張汝京についても、同じことがいえる。彼が上海で立ち上げた「SMIC」には明るい未来があった。クリスチャンである彼の理想は、国籍や言葉、そして思想を超えて人々が平和に暮らす社会なのである。中国が民主的な社会になれば、「一つの中国」などという概念そのものが不要になるだろう。それぞれの民族の伝統や文化を尊重すれば小国が独立するのは当然のことであり、争いは自然に消えていく。「中国は中国」、「台湾は台湾」などと言っていたこと自体が笑い話になるかも知れない。中国で生まれて台湾で育った張汝京は「アイデンティティ」などという問いかけが不要な平和な世界を思い描いているのだろう。

台湾の誇り

1　半導体

半導体のニーズはますます高まっている。あらゆる電子機器の基本になっているからだ。スマホなどは今後ますます小型化して情報量が豊富に進化していくに違いない。台湾ではTSMCという半導体を製造する企業の実績がすごい。正式な社名は「台湾積体電路製造股份有限公司」であり、通称は「台積電《タイチーデン》」と呼ばれている。TSMCは世界最大のファウンドリ、半導体受託製造企業として世界でトップクラス、時価総額はトヨタの二倍というから大変なものである。ファウンドリとしてその生産額は日本円換算で7兆円（2021年）ほどになる。

創業者は張忠謀（Morris Chang、モリス・チャン）、最近は新聞やテレビで引っ張りだこである。1985年台湾に招聘されてTSMCを創業。以後、順調に発展し世界屈指の半導体製造企業になる。本社は新竹市、サイエンスパーク（新竹科学園区）にある。

世界ランキング（半導体製造）

1　2023年度

家電、自動車用　40nm〜90nm（ナノメータ、1nmは10億分の1メートル）

①台湾　28%
②中国　27%
③日本　18%
④韓国　10%
⑤米国　4%

2　2024年度

パソコン、電気自動車用　10nm〜32nm

①台湾　31%
②米国　25%
③中国　19%
④韓国　6%

3　2027年度　以降
スマートフォン、AIデータセンター用　3nm
①台湾　60%
②韓国　24%
③米国　16%

台湾が圧倒的なシェアを誇るが、その原動力になっているのがTSMC。日本政府の資金提供もあり、2024年2月熊本県に第一工場がオープン、第二工場は2027年にオープン予定になっている。日本とのつながりが強くなり、遅れをとっている日本の半導体産業の活性化が期待されている。TSMCの熊本進出が決まった後、熊本大学は半導体専門課程を開設して、IT情報関係の人材育成に力を入れている。半導体の進化により、より小型で高性能のスマホやAIが生まれ、そのニーズはますます広がるのだろう。

2　脱炭素への取り組み

地球の温暖化防止、環境保護のため、脱炭素への取り組みが世界中で始まっている。日本でも2020年、温室効果ガスの削減を目指して、カーボンニュートラルを2050年までに実現することを宣言した。

台湾においては、電力市場を自由化して、クリーンな電力の売買を認める制度が2020年に開始している。簡単にいえば、再生可能エネルギーに対して国が証明書を発行し、市場での売買を認めるシステムだ。再生可能の電力が市場で取引され、需要が多くなれば、開発する企業も増加して、更にクリーンな電力の増加が期待される。

現状、台湾では洋上風力発電の建設ラッシュが続いている。ドイツ、ノルウェー、日本（三井物産や北陸電力）などの企業が開発に意欲を見せている。これに関して、デンマークの洋上風力発電企業のエルステッドと台湾半導体企業のTSMCが大型契約を結んだニュースが報じられた。エルステッドは台湾彰化県沖の海上に洋上風力発電所の建設計画がある。契約の内容は、TSMCがこの洋上風力発電で生まれた電力（毎年34・5億kWh、再生エネ電力証明書345万枚に相当）20年間分を一括購入する契約である。再生エネ売買額の世界記録を更新したという。理由は、TSMCの主要な供給先であるアップルなどの要求にこたえ、半導体の製造は100%再生可能なエネルギーにすることを受け入れたからだった。TSMCにしても、半導体の製造には多量の電力が必要だが、その電力はすべてクリーンであることをアピールすることは企業のイメージアップにつながる。

3　外貨準備高（2022年）

外貨準備は為替介入の資金として使用、自国通貨の安定と通貨危機に備える資産である。内容は、預金、証券、金（ゴールド）で構成されている。

①中国　3・3兆ドル
②日本　1・3兆ドル
③スイス　9千億ドル
④台湾　5・5千億ドル
⑤インド　5・2千億ドル

台湾は世界第4位で、5500億ドル（2022年）。あの小さな島国からすれば、その経済力に驚く。

4 自転車大国

2017年、台北市で開かれた「台北サイクルショー」に出席した蔡英文総統は「自転車は台湾の誇り」と称賛、世界で最も優れた自転車の研究開発・製造を支援すると述べた。2016年、台湾自転車の生産高、売上高は世界第2位だった。製造業者が互いに研鑽に努め、設計・フレーム・組み立て、さらにチェーンやタイヤに至るまで技術の向上に努めたからだ。知る人ぞ知る、台湾の自転車の性能は素晴らしく注目に値する。

台中から合歓山を越えて花蓮につながる横断公路や阿里山へ登る山道を車で走っていると、ヘルメットをかぶり自転車で坂道を上る若者が目に付く。高い山をサイクリングする動機については特に聞いたことはないが、景色を見ながら、体力の増強ができ、登り切ってしまえば後は楽な下り坂だ。自分の足で自然を見ることは大きな魅力に違いない。

自転車は台湾の誇りというくらいだから、台湾のサイクリングロードはどうなっているか気になった。新橋駅の近くにある「日本台湾交流協会」で「台湾一周サイクリングガイド」という小冊子をもらった。それによれば、台湾一周についての整備されたサイクリングロードが掲載されている。自転車好きの人達にとっては絶好の環境だろう。

（参考）台湾観光協会　東京事務所

東京都港区西新橋一丁目5－8　西新橋一丁目川手ビル3F
TEL　03－3501－3591
日本台湾交流協会
東京都港区六本木三丁目16－33　青葉六本木ビル7F
TEL　03－5573－2600

5　胡蝶蘭の生産

台湾は胡蝶蘭栽培の先進国であり、品種改良から苗の栽培まで世界のトップクラスにある。日本で流通している胡蝶蘭の70～80％は台湾からきており、世界市場でも30％（世界一）を占めている。日本で見る胡蝶蘭の多くが台湾を原産国にしているというのだから、蘭展を見に行く機会があったら、原産国を確かめてみてはどうだろう。

台湾の胡蝶蘭生産は主に1946年に創業した「台湾糖業公司」が行っている。1950年代から60年代にかけて砂糖製品を輸出してきたが、衰退したため、胡蝶蘭の生産を始めたという。かつてはサトウキビを生産していた大地主であり、台湾各地に土地を所有しており、その土地を転用して胡蝶蘭を生産している。

6　マグロ漁獲高

マグロで有名なのは、台湾南部最大の漁港である屏東県の東港だ。クロマグロの故郷とも言われている。統計を見ているとインドネシアの漁獲量が圧倒的だが、台湾も順当に3位を保っている。ちなみに、台湾で獲ったマグロの7割は日本へ輸出されているという。

マグロ漁獲高ランキング

	（2021年）	（2011年）
①インドネシア	55・1万トン	23・1万トン
②日本	13・7万トン	20・5万トン
③台湾	13・1万トン	15・4万トン

東港でのマグロ漁が盛んになったのは20年ほど前から、当時はほとんどが日本に輸出していたが、近年台湾での需要が激増したため、輸出は減少している。それもそのはず、近年、日本の寿司や刺身の食文化が若い人の間に大いに広がったからだ。東港の近くにある華僑市場の屋台は、かつては肉料理が多かったが、2023年の春に訪れた時には、市場が様変わりし、今は日本の魚市場と見間違うほど新鮮な魚が並び、刺身や海鮮丼を食べる

若い人たちで溢れていた。

4月から6月頃が水揚げの最盛期、脂ののったクロマグロを食べることができる。但し、寿司や刺身の値段が高い。ざっと見て、日本の1・5倍〜2倍くらいだろう。

7 訪日外国人の数（2023年11月、JTB総合研究所）

韓国	64万9900人
台湾	40万3500人
中国	25万8300人

人数では韓国に負けているが、国土の面積や人口を考慮すれば、台湾人の訪日数は断然多い気がする。

8 台湾の親日度

台湾人への質問、好きな国は何処ですか？（2021年、日本・台湾交流協会の世論調

査）

日本　60％
中国　5％
アメリカ　4％
親日的な世代　：日本語で教育を受けた人たち。
非親日的な世代：戦後生まれ、外交を重視しており、それほど親日的な感じはない。

（野嶋剛著『台湾の本音』から）

9　台湾の外国語教育

①台湾の外国語教育は、基本的には日本と同じで、英語が第一の外国語である。日本では2020年から小学校での英語教育が始まったが、台湾の小学校では2001年から英語の授業が行われている。

②日本好きの度合いを、第二外国語の教育の現状で見てみるとどうだろう。

小学校（国民小学）
第二外国語の教育も2016年の調査では14校あるが、すべて日本語という。
中学校（前期中等教育）
2009年の調査では、76校が第二外国語の授業を行っているが、すべて日本語という。
高等学校（後期中等教育）
1999年に発布された「高級中学第二外国語教育5年計画」により、従来の仏語、独語、スペイン語に加えて、日本語、韓国語、イタリア語も選択必修科目になった。以後爆発的に第二外国語が増加するが、その80％が日本語という。第二外国語のクラスは、1600くらいあるそうだが、そのうち「日本語」は最多で「69％」をしめており、次が「フランス語」だという。
これは、あくまで第二外国語の場合であり、第一外国語としては英語が一番多い。とはいえ、台湾の日本語熱が非常に高いのは日本人としては嬉しい限りだが、他の外国語に対する教育がおろそかになり問題だという指摘もある。

10　東日本大震災義援金（2011年3月、日本赤十字社）

米国　29億98百万円
台湾　29億28百万円
タイ国　20億59百万円

11　能登半島地震義援金（2024年1月、北國新聞）

台湾　26億2千万円
韓国　4億3千万円
米国　1億5千万円

台湾は台湾

1　総統の直接選挙

新生台湾、台湾が生まれ変わった最大の出来事は、１９９６年初めての直接選挙による総統選が実施されたことだろう。選ばれたのは台湾生まれの李登輝、本省人が外省人に代わって総統の地位に就いた。この時から台湾は民主国家として歩き始める。蔣経国の死後、自動的にその跡を継いだ李登輝は、その在任中に、総統の直接選挙制度を確立した。もしこれがなければ、国民党内部でのたらい回しの政権交代が行われ、真の民主国家にはならなかっただろう。李登輝の深謀遠慮の英断がやっと陽の目を見て台湾は生まれ変わったのだ。

ここに辿りつくまでには多くの苦難があった。台湾内部での国民党の独裁時代の苦難はさておき、大陸中国との問題もあった。１９７０年代で中華人民共和国が国際舞台に現れ始めた頃、「一つの中国」という言葉がマスコミで騒がれるようになった。第二次大戦後、中共と中華民国がそれぞれ大陸と台湾に分かれて睨み合いが始まるが、いずれは一つにまとまるべきであるとの考えから、「正当な中国の政府は一つしか存在せず、中国と台湾は不可分の一体である」という理想を「一つの中国」という言葉で表現したものである。

しかし、この理想は非常に曖昧、言い換えれば「いい加減」で、国際舞台に登場した中国共産党は、自分こそ中国の正当な政府であり、台湾はその不可分の領土であるとし、一方国民党も同じ論調で中華民国が唯一の正当な政府であると主張していた。同じ頃に中国に生まれた政党であり、どちらが正しいということもない。しかし、とりあえず内戦を終結させようということになり、いずれは一つにまとまるべきであるという理想に基づき、「一つの中国」ということで合意したといわれる。合意の内容は自分勝手、中共も国民党もそれぞれが自分に都合の良い「一つの中国」を思い描いていた。

戦後、国連では中華民国が中国を代表する常任理事国だったが、1971年の国連総会で一変、中共を中国の合法的な代表であるとして、中華民国を追放した。1972年2月にニクソンが訪中して毛沢東と会談後「米中共同宣言」を発表、「台湾は中国の一部であることを認識」したことが宣言にもり込まれた。この宣言は後に問題になる。

この半年後に田中角栄が訪中して、「台湾は中華人民共和国の不可分の一部であることを理解し尊重する」との声明を発表している。ここでも日本はアメリカ流の曖昧な表現にならい「理解し尊重する」と表現している。「認める」とは言わなかったのは後々のことを考慮してのことだろうか。

2　一つの中国

「一国二制度」という言葉が出てきたのもこの頃だ。中共はいきなり武力で台湾を統一するのは危険が大きいと考え、とりあえず「一つの国」の中に共産主義と民主主義の制度を持つ政府を共存させようとした。

1996年住民の直接選挙で総統になった李登輝は言った。台湾は主権国家であり、一国二制度など適用できない。中共が何と言おうと、台湾は民主主義を基本にした独立した国である。「中国は中国、台湾は台湾」だと言ってはねつけた。ついでながら李登輝は晩年に発表した本『台湾の主張』の中で「一つの中国」について、次のように書いている。国交のある国は少ないが、台湾には憲法や国会があり一つの国であることは間違いない。とすれば台湾と中国は「特殊な国と国との関係」である。このような状況で「一つの中国」をどう思うかと問われれば、李登輝は強調する。「『まず共産党のあなたが変わりなさい』あなたが民主化されれば、いつでも台湾を解放して『一つの中国』になりますよ」李登輝流の強気の発言ではあるが、彼の本音はもう一歩先を行っていて、台湾人による台湾をつくることにあるのだが、総統当時はこのことを心に秘めていた。

ついでながら、中共の口車に乗せられて「一国二制度」を受け入れた香港の現状はどうだろう。２０２０年には民主主義の基本である選挙制度が改悪され、民主主義者は立候補できなくなる。50年間は現状維持と言っていたにもかかわらず、香港政府トップに中国からの人員を送り、内部から民主主義を追い出してしまった。やはりそうだったかと国際世論は悔しい思いをするが、後悔先に立たず。台湾人は一層危機感を持ったに違いない。台湾は香港の二の舞になるのを警戒して一国二制度を拒否、言葉では騙せないと感じた中共は武力侵攻をちらつかせながら台湾海峡をにらんでいるのが現状だ。

3　台湾独立

この問題をさらに複雑にしているのが「台湾独立」という考え方だ。かつて中華民国の国民党は頑なに台湾独立を封じ込めてきたが、国民党の独裁が終焉した現在は、台湾独立を叫ぶ声が大きくなっている。この思想を持った民進党が成立し「台湾共和国」を目指す動きが出ている。かつては国民党が台湾独立を抑えてきたが、現状は中共が台湾独立にイラつきをみせている。台湾独立については別項で扱っているのでここではこれ以上触れない。

これに加えて台湾の存在を世界にアピールするための活動として「台湾正名運動」という動きもあった。この運動の発端は、日本政府が中華民国の旅券を持つ在日台湾人を中国人と同じように扱う現状に不満を持つことから生じたことであった。日本政府の立場では、中共との国交はあるが台湾とは断絶状態。中共が台湾は中国の一部といえば、素直にそれを受け入れて台湾人を中国人として扱ってきた現状がある。私の妻もよく口にするが、在日台湾人の本音からすれば「一緒にしないでよ！」である。分かりやすく言えば、「台湾本土化運動」と言い換えた方がいいだろう。台湾を国として認めなさいという主張である。問題の主人公は中共や中華民国だけではなく、台湾という存在もあることを世界に広めようというわけだ。公的な場で使用されている「中国、中華（China）」という呼称を「台湾（Taiwan）」に置き換えようという動きだ。台湾の存在は中華民国とは別個の存在であるし、当然「中共の一部」でもないことを知らしめることを目標にしている。現状は中国共産党、国民党、そして台湾の三つ巴の争いになっている。

アメリカはといえば、ニクソン以後政策が大きく変化し、１９７９年にカーター大統領の時に「台湾関係法」を成立させて台湾を擁護する政策をとっている。台湾関係法とは台湾の安全保障のためのアメリカの法律であり、台湾を防衛するための軍事行動を容認している。台湾の防衛力強化のため武器の輸出を行い、中国との摩擦を起こしているのもこの法律だ。中国は1972年のニクソン訪中を持ち出して、「台湾は中国の一部である、と言ったじゃないか」と不満を漏らすと、アメリカは「台湾は中国の一部であることを認識する」と言っただけで、承認するとは言っていないと反論。大国同士でも「言った、言わない」などと子供のような喧嘩をするものだと興味深い。とはいえアメリカの台湾擁護はかなり強固な国策になっているのが現状である。

4 国際スポーツでの国名論争

さて最後にこの争いを、武力ではなくてスポーツの分野での闘いから見るとどうなるのだろうか。台湾が一地方を指す存在としてしか認められていない頃のことである。二つの中国である中華民国と中華人民共和国は、戦後はもっぱらスポーツの分野で対立して現在に至っている。オリンピックやスポーツの国際大会で対立するので、単なるスポーツの分野での問題かというと、そうではなく、立派な政治問題なのである。対立の中身を見てみ

ると、

①1956年(メルボルンオリンピック)

台湾は中華民国の国旗を掲揚した。すると北京の中共は怒って選手団を引きあげてしまい、不参加となった。この後、IOCは、台湾選手の胸のマークは「China」ではなく、「Taiwan」と表示することを義務付ける。国民党からすれば、一地方の「台湾」を国名として表記することは絶対に許せないことだった。当時は、蔣介石は健在で、国連の常任理事国は「中華民国」だった。

この頃の中華民国は、大陸反攻を目指して、鼻息だけは荒く、台湾だなどと、一地方の名称が自分の国を表すなどは、我慢できない状態であった。今から考えれば、笑い話にしか聞こえないが、当時の中華民国の領土は中国大陸から内蒙古まで含んでおり、その内奪還するぞというのが国策だった。

②1958年(アジア競技大会)

この時は、IOCの方針に基づいて、「中華民国」を「台湾」と表示し、選手の胸には「Taiwan」のマークが付いていた。しかし、中国大陸の正当な後継者を自認する国民党は、

ＩＯＣや国連が中共の言いなりで、あれはだめ、これはだめと言ってくることに腹がたって仕方がない状態であった。今の台湾人なら喜んで歓迎しただろうと思われるが、この頃は台湾人の存在は全く無視されており、公的な場では国民党の意思がすべてであった。

③１９６０年（ローマオリンピック）

台湾は、ボイコットを示唆して、「台湾」という表示を「中国」または、「中華民国」に変更することを要求したが、拒否される。この大会では、アミ族出身の「楊伝広」が十種競技で銀メダルを獲得している。しかしながら、国際的には、中共の存在が増していくのと反対に、中華民国（台湾）の影は薄くなっていく。台湾という国名の争い、国名に対する思いも現在とは反対であり、傍で見ていると何とも興味深い。

④１９６４年（東京オリンピック）

台湾は国際情勢の中でますます孤立化を深めてはいたが、東京オリンピックには参加した。聖火がギリシャから香港を経て、９月６日に台北に到着したときは、台北第一の大通り「中山北路」は人波であふれ、歓迎の爆竹が鳴った。とはいえ日本は、台湾が「China」と表示をすることを認めなかった。中共の存在はあらゆる場面で無視できないほど大きくなっていたからだろう。この頃の中共の考え方は、「台湾チームは、中国の一部である台北という都市から来たチームであることは認めるが、中華民国という国を認めたわけではないので、国旗も国歌の演奏も認めない」というものだった。これは当時の党主席「鄧小平」の路線であったが、台湾の国民党にしてみれば、「それはこっちのセリフだ!」と言いたいところだったろう。

では、国の表示はどうするか? ……苦悩する台湾は、アメリカが提案する「Chinese Taipei」を受け入れ、ようやく一応の解決を見た。国民党の幹部は、歯がゆい思いであったろうが、台湾生まれの若者たちの多くは、そんなことはあまり気にしなくなっていた。この頃から、自分を「中国人」ではなく、「台湾人」と呼びたがる人達が増えてきたからだった。

1972年、ニクソンの訪中後、国連の常任理事国は中華民国に代わって、中華人民共和国が加わり、日本も中共の政治的、経済的な存在を認めざるを得ず、同年田中首相のときに、中共と国交を回復し、同時に中華民国とは国交を断絶した。しかし、国交は断絶したが、台湾と日本の経済や文化の交流は以前にもまして盛んになり、大陸などとは比べ物にならないくらい、よりよいパートナーになっている。

⑤2012年（ロンドンオリンピック）

1988年蒋経国の死と共に台湾は民主化されれる。民主進歩党が結成されて、国民党の独裁は消える。経済的に独自の発展を遂げている台湾にとっては、台湾人としての自覚が芽生え、独立を願う国民が増えてくる。当然国旗やパスポートには「台湾」と表示するほうが国民感情にあっている。さらに名よりも実を重視する成熟した台湾人が増えているため、現実に独立国なのだから、国名なんてどうでもよいと考える人も多い。

さらに国名に対する感情は想像もしない方向に変化していく。以前は、国民党が「中華民国」にこだわっていたために「台湾」という表示を受け入れなかったが、現在では、中共が台湾独立という気運を感じて台湾という言葉に難色を示している。かつて中共は、「中華民国」という表記はダメで台湾にしろと言っていたのに、現在は台湾という表記はだめで「中華台北」にしろという。その変化は興味深い。

5　台湾アイデンティティ

台湾アイデンティティとは、台湾人としての自覚のことである。私は台湾出身の妻に聞いてみた。中国人と言われることにものすごい違和感を覚えるという。一応漢民族の流れであることは理解するが、台湾という名前が一般的になっていることを考えれば、パスポートの国名はストレートに「台湾」と表現したいという。国際的にも台湾という国名が広く認知されており、分かりやすい。さらに台湾で生まれた人は台湾人であることを誇りに思う感情が生まれている。

ちなみに、２０２３年現在台湾人のパスポートの発行は中華民国だが、表紙にアルファベットで「ＴＡＩＷＡＮ」という文字が以前よりもさらに大きく表記されている。さらに、それまで大きく印刷されていた「REPUBLIC OF CHINA（中華民国）」の英文字はエンブレムの中に印字されて、よく見なければ気が付かないほど小さくなっている。近くに台湾人がいたら、是非TAIWAN PASSPORTを見せてもらおう。

それでは、台湾人は自分達のアイデンティティをどう考えているのだろうか。２０２１年時点で総人口は、２３３９万人、その内本省人が87・8％と一番多く、外省人が10％、先住民族が１・４％になっている。本省人とは戦前から台湾に住んでいる人たちで、外省人とは戦後大陸から渡ってきた国民党関係の人たちのことである。大ざっぱにいえば、90％が戦前から台湾に住んでいる人たちで、残りの10％が戦後台湾に渡ってきた人たちである。

２０２１年5月に発表された世論調査によれば、あなたは何人ですか？　という質問に

対するこたえは、

台湾人　60％
台湾人かつ中国人　30％
中国人　2％

台湾人が60％で圧倒的に多い。戦前から台湾に住んでいれば当然だろう。つぎは「台湾人かつ中国人」とこたえている人が30％。これは大陸の武力を考慮した結果だという。台湾人にこだわって大陸に反発されるより、民主主義でいられるならば、中国人でも台湾人でもその呼び名にはこだわらないという考えなのだ。中国人とこたえている人は2％で少ない。ここで確認しておきたいことは、先にも述べているが中国人とは大陸のことではなくて、中華民国の国民であるということだ。これは歴史的な背景によるもので、改めて確認すれば、1949年国共内戦に敗れた国民党が台湾に逃れたとき一緒に台湾に移り住んだ人達の子孫のことである。彼らは両親の出身地である中国に誇りを持ち、中国人という呼び名にこだわっているからだろう。その他、台湾には昔から住んでいる原住民が2％ほどいる。彼らも自分たちのアイデンティティをあえて問われれば、台湾人と言うだろう。

とすれば少なくとも台湾人と考えている人達は、90％を超すことになる。

最後に、台湾人の主張は明確だ。３００年前から台湾に住み続けており、中国人とは異なる文化を築いてきた。一つの中国というが、台湾は中共に統治された歴史は持っていない。かつては大陸から移ってきたとはいえ、独自の言葉や文化を持っている。英国からの移民がアメリカをつくったように、台湾が中国から独立することは国際的に見ても何の問題もない。一つの中国論から始まり、二つの中国になり、現在は台湾という一地方の名称にこだわる人が圧倒的だ。

現状は、独立を主張すると中共を刺激して武力問題になる恐れがあるので、現状でも独立した国なのだから、このままでいこうという考えが主流になっている。さらに言えば、国民党の前総統の馬英九は１９５０年香港で生まれている。中国生まれの国民党員の最後の年代の一人だ。あと20年もすれば馬英九に代表される中国生まれの国民党員はいなくなる。その時こそ台湾が大きく変化する時であろうが、中国がどう対処するか目が離せない。

あとがき

21世紀の世になり民主化された台湾だが、お隣中国との間に新たな問題が生まれている。かつては自国の政府に対する反発であったが、今はそれどころではない。中共は、戦後の曖昧な合意だった「一つの中国」をもち出して、武力をちらつかせながら、台湾は中国の不可分の一部であると主張している。

この本のタイトルでもある「台湾は台湾」という考えの対極にあるのが「一つの中国」という言葉である。繰り返しになるが、そもそもこの言葉は、1949年、国共内戦が中華人民共和国の成立により一応の終結をむかえた時、中国と台湾は「一つの中国」という言葉でとりあえず和解した。その内容については具体的に規定せず、それぞれが自分の都合のいいように解釈しており、その解決は将来の問題とした。

その将来の問題が、21世紀の世になり、今や日本やアメリカを巻きこんだ現実的な問題になっている。言葉で解決できなければ武力に頼るのが、これまでの歴史でもあったが、軍事問題として解決しようとする中共にどう対処すればいいのか難しい情勢である。アメリカが台湾防衛を表明している以上、友好国である日本もこの動きを傍観しているわけにはいかない。

以前、日本の故安倍首相が、「台湾有事は日本有事」と言ってエールを送ったが、今度は新総統の頼清徳氏が「日本有事は台湾有事」といって連帯感をアピールしている。現状、沖縄にある米軍基地を考えれば、他人事ではない。平和的な解決がいいことは疑いないが、台湾海峡の平和を守るには、台湾と日本だけでなく、アメリカなどを含めた国際的な連帯が必要なのであろう。まずは、多くの人がこの問題に関心をもつことが、台湾海峡の平和につながる第一歩になると思う。

手塚　幸男（てづか　ゆきお）

1950年、栃木県生まれ。早稲田大学卒業。台湾生まれの妻と共に、台湾の歴史・文化の研究により日台友好関係の向上に貢献。

台湾は台湾
台湾の本音

2024年11月26日　初版第1刷発行

著　　者　手塚幸男
発 行 者　中田典昭
発 行 所　東京図書出版
発行発売　株式会社 リフレ出版
〒112-0001　東京都文京区白山 5-4-1-2F
電話 (03)6772-7906　FAX 0120-41-8080
印　　刷　株式会社 ブレイン

ISBN978-4-86641-815-5 C0095
Printed in Japan 2024